Martin Zoller

# Die Kraft der
## Seelensprache

Globale Medialität

Giger Verlag

1. Auflage 2012
© Giger Verlag GmbH, CH-8852 Altendorf
Tel. 0041 55 442 68 48
www.gigerverlag.ch
Lektorat: Monika Rohde, Leipzig
Umschlaggestaltung: Hauptmann & Kompanie, Zürich
Layout und Satz: Roland Poferl Print-Design, Köln
Druck und Bindung: GGP Media GmbH, Pößneck
Printed in Germany

ISBN 978-3-905958-20-1

# Inhalt

# Vorwort

Medialität als Ausdruck der intuitiven Kraft ist kein örtlich begrenztes Phänomen und auch keine nur von Randgruppen ausgeführte Technik. Im Gegenteil, die Intuition als Werkzeug, Hilfsmittel, Waffe und kreatives Potenzial ist so alt wie die Menschheit. Die Kraft der Intuition oder der Magie wurde und wird auch heute weltweit effizient und erfolgreich eingesetzt. Menschen aus allen Kulturen, verschiedensten Rassen, gesellschaftlichen Kreisen und religiösen Glaubensrichtungen treffen sich in spontanen Gruppen oder als Teil einer festen Gemeinschaft oder Lobby, um mit der Kraft der Intuition Ziele zu verfolgen.

Vielleicht möchte der Praktizierende mithilfe der Medialität und der Kraft der Hellsichtigkeit Menschen heilen. Oder Privatpersonen und Geschäftsleute lassen sich medial den Weg analysieren und aufzeigen. Medial begabte Menschen machen Pilgerreisen, um an Kraftorten neue Inspirationen zu erhalten. Politiker gehen in Tempel zu altertümlichen Schamanen, Hellsehern und Heilern oder in moderne Praxen medialer Berater in kosmopolitischen Weltstädten, um sich für ihre Wahlschlachten zu stärken, sich schützen und führen zu lassen.

Hausfrauen, Studenten und berufstätige Menschen besuchen Heiler, um sich die Aura stärken zu lassen und Hilfe in alltäglichen Situationen zu erhalten.

Martin Zoller ist so ein moderner Schamane, Hellseher oder medialer Profiler. Er reist um den Globus, berät Menschen, die dem christlichen, moslemischen, jüdischen oder buddhistischen Glauben angehören. Seine Kunden sind Präsidenten oder jene, die es werden möchten, Geschäftsleute und Privatpersonen. Mit Gruppen oder allein besucht er Kraftorte, um zu meditieren und sich inspirieren zu lassen.

In diesem Buch beschreibt Martin Zoller seine spannenden Erfahrungen an den Kraftorten dieser Welt. Er beschreibt, wie er mit Menschen verschiedenster Kulturen und Religionen arbeitet, und zeigt, wie Mensch schlussendlich überall Mensch mit identischer Seelensprache ist – unabhängig von dessen Ursprung.

Der Leser erfährt, wie die Seelensprache interpretiert und alltäglich im Leben eingesetzt werden kann.

Authentisch erzählt Martin Zoller dem unvoreingenommenen Leser, wie wichtig es ist, hinter die Grenzen der Kulturen oder moralischen Vorstellungen zu sehen, um nicht nur das eigene Wesen, sondern auch soziologische und politische Unterschiede besser verstehen zu können. Er zeigt, wie man fast zeitgleich mit überzeugten Moslems, Juden, Christen, Diktatoren, Militärs und Sozialisten spirituell arbeiten kann, ohne mit sich im Widerspruch zu liegen.

Das Buch möchte in einer Zeit der Umbrüche und globalen Veränderungen, die leider bis anhin nur zu noch mehr Gespaltenheit und Gewalt führten, zeigen, wie der Mensch weltweit in der Tiefe seiner Seele identisch ist. Trotz Religionen, vielen verschiedenen Sprachen und Ansichten gibt es eine Einheitssprache:

Die Sprache der Seele und Intuition!

# Über Martin Zoller

Martin Zoller ist Schweizer und wurde in Paris geboren. Seit zwanzig Jahren arbeitet er weltweit mit seinen Fähigkeiten und Dienstleistungen als Medium und Remote Viewer. Er hat zahlreiche Artikel und vier Bücher, *Pachamama, Wenn die Dämonen rufen, Hellsichtig* und *Intuition als Schlüssel deiner Seele*, veröffentlicht. Ebenfalls veröffentlichte er die Meditations-CD *Die Kraft der Intuition* und einen Kurzfilm über Remote Viewing *Hellsichtigkeit*. In Bolivien und Deutschland hatte er eigene TV-Programme.

Seine Gabe, die Zukunft vorauszusehen, erlaubt es seinen Kunden, eine klare und außergewöhnliche Führung für die Zukunft zu bekommen. Zu seinen Kunden zählen sowohl Privatpersonen als auch Firmen, Polizeidepartemente, Botschaften und Regierungen.

Er gestaltet und führt Workshops und hält Vorträge, um Menschen zu helfen, ihr eigenes Wesen zu verstehen und ihr Potenzial zu erkennen.

# Einführung

Ohne Zweifel leben wir in einer sehr spannenden Zeit. Unabhängig davon, dass wir im Modejahr 2012 leben, ein Jahr, in dem die Weltordnung neu entstehen sollte – zumindest laut unterschiedlicher Prophezeiungen. Bei einem Podiumsgespräch, organisiert von den Autoren des Giger Verlags, wurde ich nach meiner Meinung zu den verschiedensten Vorhersagen gefragt. Meine von vielen mit einem Lachen angenommene Antwort war, dass ich einfach froh sei, wäre das Jahr schon vorüber, weil dann das Thema endlich vom Tisch wäre.

Es verändert sich viel, wir erleben auf politischer, wirtschaftlicher und auch auf spiritueller Wahrnehmungsebene viele Neuerungen. Das hängt für mich nicht mit den Mayas oder einem göttlichen Plan zusammen, sondern ganz einfach mit der Tatsache, dass wir in einer sehr schnellen Zeit leben. Dank dem Internet können Menschen wie ich jederzeit weltweit Kunden beraten und sogar Online-Kurse abhalten. So entstehen globale Kontakte mit Menschen, die an meiner Arbeit interessiert sind und mich einladen, um mit ihnen oder Gruppen zu arbeiten. So kann es passieren, dass ich mich auf Flughäfen in Lagos, Zürich, Kabul, Beirut, Bogotà, Berlin oder New York wiederfinde, um meiner Arbeit entgegenzugehen.

Es ist ernüchternd, ja fast enttäuschend oder beschämend, zu erfahren, wie rückständig gerade die Mitteleuropäer sind, wenn es um mediale und spirituelle Themen geht. Sogenannte gebildete Menschen urteilen und werten über eine Grenzwissenschaft, die ohne Zweifel älter ist als jedes Wissen, das sie besitzen.

Ich freue mich aber festzustellen, dass es rückblickend gerade in Mitteleuropa in den letzten zehn Jahren eine große Veränderung hinsichtlich der Akzeptanz medialer Themen gegeben hat. In den späten Neunzigerjahren oder zu Beginn des 21. Jahrhunderts war es in einer öffentlichen Runde noch sehr schwierig, über Auren und Hellsehen zu sprechen. Heute findet sich der beinharte Kritiker fast ohne Ausnahme im Abseits.

Zu Beginn meiner medialen Arbeit war ich noch sehr jung und in vielen Bereichen unerfahren. Ich hatte das Gefühl, dass meine mediale Qualität von der Gnade eines Lichtwesens oder einer göttlichen Kraft abhinge. Andächtig, ja fast ängstlich ging ich mit meiner Arbeit und meinem Verhalten um. Auf keinen Fall wollte ich meine Geistführer provozieren oder meine Begabung wieder verlieren.

Damals war ich in Indien und lebte in Ashrams oder spirituellen Gemeinschaften. Die meisten Menschen, die sich an diesen Orten aufhielten, lebten, zumindest nach außen, ein heiliges und »moralisch« sehr reines Leben. Mit den Jahren erfuhr ich, dass erstens die sogenannten Moralisten und Ethiker in den meisten Fällen falsch und korrupt lebten und zweitens meine Begabung, völlig unabhängig von meiner Lebenseinstellung, durch Übung und gesammelte Erfahrung immer stärker wurde.

Ich war sehr erleichtert, dass ich weder wie ein indischer Yogi leben musste, noch mich wie ein mitteleuropäischer alternativer Guru zu benehmen hatte.

Seit meiner Geburt habe ich dem fliegenden Holländer respektive Schweizer ähnlich den Erdball unzählbar Mal umkreist und schon in vielen Ländern auf mehreren Kontinenten gelebt. Ich war und bin es gewohnt, mit mir unbekannten Sprachen, Gerichten und Rassen zusammenzukommen und so die Vielfältigkeit der Menschheit kennen- und schätzen zu lernen.

Natürlich war und ist es auch für mich nicht nur einfach, mich immer wieder in neuen Kulturen, mit fremden Religionen und unbekannten Kochgewohnheiten zurechtzufinden. Sehr oft stieß ich an meine Grenzen, musste Vorurteile ablegen und mich wie ein Chamäleon dem neuen Hintergrund anpassen.

Durch meine Arbeit wurden die Reisen noch spannender! Als medialer Profiler analysiere ich all jene Aspekte, die mit der Seele und den feinstofflichen Einflüssen auf eine Situation zusammenhängen. Mein Hauptarbeitsfeld ist dabei die Aura. Diese kann kollektiv oder individuell sein. Eine kollektive Aura ist, wie ich in meinem Buch *Intuition als Schlüssel deiner Seele* beschrieben habe, das Energiefeld eines Landes, einer Stadt oder einer Gruppe von Menschen. Die individuelle Aura zeigt die Seele eines Menschen, Tieres oder auch einer Pflanze.

Mit meinem intuitiven Auge lese ich Menschen verschiedenster Rassen, Kulturen, Religionen und Berufen, um Einblick in deren Seele und Leben zu bekommen. Die obersten Schichten der Aura sind stark geprägt von kulturellen und religiösen Einflüssen. Je tiefer ich in dieses Energiefeld tauche, umso mehr verlieren sich persönliche Aspekte der Person. Irgendwann sehe ich einfach nur noch Licht. Dieses Licht sieht um den ganzen Globus herum gleich aus. Selbst eine Person, die zu Tode gefoltert wurde, hat irgendwann, sobald sie die verschiedenen Ebenen des Schmerzes und Grauens hinter sich gelassen hat, dieses Licht in sich.

Um mich von meinen Arbeiten und Reisen zu erholen, ziehe ich mich immer wieder zurück. Ich benötige viel Zeit, um nach intensiven Projekten wieder meine Ruhe zu finden. My home is my temple. Nach diesem Motto ist mein Zuhause eine Ruhestätte, die mir und meiner Frau ein Refugium bietet.

Aus diesem Grund besuchen wir auch Kraftorte, die es um den ganzen Globus verteilt gibt, um uns auftanken zu lassen. Interessanterweise sind solche Kraftorte nicht selten noch heute mystische Stätten, die von Pilgern verschiedenster Religionen aufgesucht werden. Je nachdem in welcher Kultur und Religion sich diese Kraftorte befinden, stehen dort heute Kirchen, Moscheen, Tempel oder Synagogen. Würde ein Archäologe graben, würde er häufig unter diesen Bauten alte, weit in die Vergangenheit reichende Ruinen vergangener Tempel verlorener Kulturen finden.

In den meisten Fällen waren es bereits energiegeladene Orte, noch bevor der erste Mensch dort einen Tempel baute. Sensitive Hohepriester fühlten solche Orte und ließen darauf Tempel entstehen.

Auf meinen vielen Reisen stoße ich immer wieder auf solche Kraftorte. Einzeln oder in Gruppen meditieren wir an diesen Orten, um uns aufzutanken und inspirieren zu lassen.

Ich nenne solche Kraftorte Wellness für die Seele. Ohne Zweifel ist es noch angenehmer, befindet sich dort gleichzeitig ein Spa mit Sauna, Massagen und gutem Hotelbett.

Schließlich will auch der Körper nicht zu kurz kommen! Ich bin dankbar und hocherfreut, dass ich die Möglichkeit habe, eine Arbeit zu machen, die mir Spaß macht! Gleichzeitig kann ich meiner liebsten Beschäftigung nachgehen, dem Reisen. Mein Gepäck ist sehr leicht, benötige ich doch keinen Instrumentenkoffer, keine komplizierten Maschinen oder teuren Kleider für meine Arbeit.

Ausführen kann ich meine Tätigkeit überall, unabhängig ob unter Kriegslärm in Beirut, der unerträglichen Hitze Westafrikas, in einem Fünfsternehotel in Zürich oder in einer einfachen Hütte in einem der Vororte von Lima. Last but not least die Menschen! Egal ob mein Kunde eine Hausfrau, ein Präsident oder einer, der es gerne werden möchte, ein korrupter Geschäftsmann, ein Arzt, Polizist, Künstler oder Koch ist, sie alle haben ein Ziel: etwas zu erreichen! Ohne Ausnahme sind meine Projekte, wie ich meine Arbeit nenne, kreativer Natur. Ich habe es mir angewöhnt, meine Klienten nicht nach deren Handlungen zu bewerten.

Mit meinen Beratungen gebe ich Anregungen und Hinweise zu möglichen Situationen, die aufkommen können. Ich lasse es aber ganz in den Händen meines Kunden, zu entscheiden, was er macht und wie er die gewonnene Information einsetzt.

Nur so ist es überhaupt möglich, dass meine Kunden ohne Ausnahme aus allen religiösen, kulturellen und politischen Richtungen kommen können. Ich kann ohne Widerspruch und ohne Verrat am selben Tag einen jüdischen und einen moslemischen Fanatiker beraten oder einen politisch rechtsradikalen Minister und einen sozialistischen Mayor der Armee. Übrigens kommen sie interessanterweise auch alle auf mich zu. Mein erstes und wichtigstes Prinzip meiner medial-spirituellen Arbeit ist meine Loyalität zu meinem Kunden. Auch an zweiter und dritter Stelle steht meine Loyalität zu meinem Kunden und erst danach dessen persönliche Ausrichtung und Einstellung.

Ein Fazit meiner zwanzigjährigen Erfahrung als medialer, hellsichtiger, heilerischer oder intuitiver Berater, Künstler und Profiler ist: Eine gesunde und gute Intuition hängt in keiner Weise von einer Lebenseinstellung oder Philosophie ab. Der Suchende oder Findende wird sehr bald lernen, dass Medialität ein Kraftpotenzial ist wie die Kunst oder eine Sprachbegabung. Es spielt keine Rolle, welche Kunst man ausübt oder für welchen Zweck die erlernte Kunst eingesetzt wird.

Die Wertung darüber bleibt jedem selber überlassen.

In diesem Buch möchte ich verschiedene Themen abdecken. Ich möchte zeigen, woher Medialität kommt und wie sie gelebt werden kann. Es liegt mir am Herzen, dem aufgeschlossenen Leser zu zeigen, wie er seine eigene Seelensprache besser interpretieren kann.

Anhand von Reiseberichten werde ich die von mir besuchten Kraftorte und deren Einfluss beschreiben. Ich finde es sehr wichtig, dass man sich immer wieder Ruhepausen gönnt, in denen man seine Kräfte auftanken kann.

Erlebnisberichte aus meiner täglichen Arbeit zeigen dem Leser, wie Medialität effektiv im Alltag eingesetzt werden kann – egal ob zu Hause, im Büro oder unter freiem Himmel.

Dieses Buch möchte eine Anregung für all jene sein, die etwas in sich spüren, aber Angst haben, darauf zu hören.

Für die, die bereits auf dem Weg sind, kann es als Inspiration dienen, um weitere Möglichkeiten zu erforschen. Dem Kritiker und Skeptiker, der sich trotz seiner Ablehnung gegenüber dem Thema durchgerungen hat, das Buch in die Hände zu nehmen, kann es Einblicke in eine bis dahin verschlossene, aber dennoch sehr reale Welt geben.

Ich verstehe mein Buch als Brückenbauer:
- Zwischen der menschlich-physischen Welt und der feinstofflichen Wirklichkeit
- Zwischen verschiedenen Kontinenten und deren Wertvorstellungen
- Zwischen unterschiedlichen Glaubensrichtungen

Ich möchte auf keinen Fall überheblich klingen, aber ich denke, dass ich durch meine Arbeit und die unzähligen Reisen zu den verschiedensten Kulturen sehr viel lernen konnte. Ich würde mich sehr freuen, zumindest etwas von meiner Erfahrung weitergeben zu können.

Ich wünsche dem Leser viele spannende Momente und würde mich freuen, den einen oder anderen dazu anregen zu können, selber auf Reisen zu gehen. Egal ob von der physischen Dimension in eine andere Dimension oder von einem Land in das andere.

# Zwanzig Jahre

Beim Schreiben dieses Buches stellte ich fest, dass ich im Jahr 2012 vor genau zwanzig Jahren anfing, meiner medialen Arbeit beruflich nachzugehen.

In meinen bisherigen Büchern habe ich angedeutet, wann ich anfing, meine intuitiven Fähigkeiten zu spüren. Begonnen hat es während meiner Kindheit. Ich erinnere mich, dass ich oft mit meinem Fahrrad und später dem Moped am oberen Teil unseres Hügels stand und die gerade Straße nach unten schaute. Ich hatte damals das Gefühl, dass ich die Möglichkeit hatte, Gefahren zu spüren. Um dies zu testen, bin ich an den verschiedenen Seitenstraßen vorbei, die in die Hauptstraße führten, und unten an der Kreuzung über die Stoppstraße gerast, ohne zu bremsen! Auf den Straßen war viel Durchgangsverkehr und ich hätte ohne Weiteres in ein Auto fahren können.

Rückblickend muss ich gestehen, dass meine Tests sehr leichtsinnig waren. Damals war das für mich eine Möglichkeit, meinen Gefahrenradar zu testen. Ob Glück oder Intuition – passiert ist mir Gott sei Dank nie etwas!

Dank der Arbeit meines Vaters waren wir früher viel unterwegs. Ich hatte das Glück, die Welt schon sehr früh kennenzulernen. Daher war für mich immer klar, dass ich viel reisen wollte. So dachte ich später auch bei der Wahl möglicher Berufsrichtungen immer an Berufe, die es mir erlauben würden, viel zu reisen.

Wie das Leben so spielt, es kam alles ganz anders. Anstelle einer ordentlichen beruflichen Laufbahn habe ich mich schon vor zwanzig Jahren entschieden, die Schweiz zu verlassen. Als ich zwanzig Jahre alt war, zog es mich in die Welt.

Schon nach wenigen Monaten holte mich meine innere Führung ein. Ich hatte starke Visionen, sah Geistwesen und wieder Auren um die Menschen.

Endlich froh, etwas gefunden zu haben, was mir richtig erschien, Spaß machte und, ganz wichtig, erlaubte, weiterhin zu reisen, vertiefte ich mich in die Materie der Medialität.

Die ersten Jahre meiner medialen Arbeit waren vor allem meiner Ausbildung gewidmet. Lehrmeister aus dieser und anderen Dimensionen halfen mir, die Kunst der Medialität zu vertiefen. Ich erfuhr, wie man Energien bewegen kann, wie man in Menschen eintaucht oder Astralreisen macht.

Schon sehr bald fand ich mich vor großen Gruppen in guten Hotels oder Kongresshallen Vorträge geben. Ich sprach zu Journalisten, gab Interviews und war stolz darauf, etwas Gutes zu tun.

Mein Leben änderte sich schlagartig, als ich ein Flugzeug fand. In meinem Buch *Hellsichtig* habe ich ausführlich über diesen Fall berichtet. Meine bis zu diesem Zeitpunkt mehr lokal ausgerichtete Arbeit wurde plötzlich sehr international. Ich erhielt nun auch Anfragen für Beratungen von sehr einflussreichen Personen.

Obwohl ich immer viel mit der Presse gearbeitet hatte, erlebte ich bald, wie einflussreich und wichtig die Presse sein kann. Ich wollte ja nicht nur medial beraten und Vorträge sowie Seminare abhalten, sondern auch die Möglichkeit haben, so vielen Menschen wie möglich die Kunst der Intuition vertraut machen.

Vor der Kamera stehend, lernte ich einen weiteren Vorteil meiner Person kennen. Mir wurde immer wieder gesagt, dass ich froh sein könne, nicht unattraktiv zu sein. Die Kamera mag mich, so wurde mir gesagt. Von solchen Aussagen angetrieben, öffnete ich mich dem Medium Fernsehen oder der Presse allgemein.

Ich reiste um den Globus, gab Interviews, hielt Seminare und Vorträge. Ich besuchte Konfliktherde, reiste zur UNO in New York oder hofierte in großen Villen oder Palästen einflussreicher Politiker.

Irgendwann wurde ich, wie so oft in meinem Leben, an den nächsten wichtigen Abschnitt meines Lebens geführt. In Bolivien fragte mich ein sehr guter Freund, ob ich mir vorstellen könne, Fernsehen zu machen. Nicht nur, wie bis anhin, dort Interviews zu geben, sondern indem ich eine eigene Sendung führe. Ich war begeistert! Herausforderungen sind für mich immer willkommene Möglichkeiten, etwas hinzuzulernen! Ich sagte zu, hatte kurz danach ein Gespräch mit dem Produzenten und wenige Tage später bereits meine eigene Sendung! *Momentos Misticos* auf UNITEL war geboren. Ab da war ich jede Woche live im Fernsehen.

Ich fand vor laufender Kameras Skelette, las für das Publikum die Tarotkarten, lehrte Meditationen oder analysierte politische Entwicklungen im Land. Wir produzierten in Bolivien, strahlten aber in mehreren Ländern das Programm aus. Egal ob ich in Marbella/Spanien flanierte oder in Miami am internationalen Flughafen eincheckte, die Leute kannten mich bald. Die Rückmeldungen waren fast ausnahmslos positiv. Ich war glücklich, Menschen helfen zu können und gleichzeitig ein gutes Leben zu führen.

Nicht unüberraschend kam irgendwann der Moment, an dem ich Bolivien den Rücken kehren musste. Zum einen war die Situation vor Ort für mich sehr unsicher geworden, zum anderen hatte ich in den USA ein Angebot, um den Einstieg ins dortige Fernsehen zu versuchen. In Miami und New York bekam ich mehrere Auftritte im Fernsehen. Mit dem richtigen Einstieg ins Fernsehen hingegen funktionierte es nicht.

Dafür hatte ich in New York eine schöne Wohnung im Upper East Side. Ich reiste immer noch viel, spürte aber, dass mir etwas fehlte. Nach vierzehn Jahren in Südamerika mit seinen vielen politischen und wirtschaftlichen Veränderungen war es mir in New York einfach zu langweilig und zu groß. Ich bekam Angstzustände, als ich mir vorstellte, dass ich in einer Stadt leben würde, die in fünf Jahren noch genauso aussehen würde wie jetzt, und das in einem Land, das politisch langweilig und stabil war.

Nach fast einem Jahr war ich wieder weg. Das Abenteuer rief mich, ich nahm mir eine Auszeit. Durch neue meditative Bilder wollte ich mir einen neuen Weg zeigen lassen. Als ich in einer Meditation spürte, dass der Nahe Osten angesagt war, war ich nicht unglücklich. Die Kultur, Musik und Mentalität dieses mir bis dahin unbekannten Erdteils hatte mich schon immer angezogen.

Wieder einmal wechselte ich den Kontinent und fand mich kurze Zeit später in einer völlig neuen Welt. Damals war es im Nahen Osten noch mehr oder weniger ruhig. Vom Arabischen Frühling war noch nichts zu spüren. Es gab jedoch schon damals Menschen, die mich gut kannten und halb im Spaß, halb sarkastisch meinten, dass es bestimmt nur eine Frage der Zeit wäre, bis im Nahen Osten so einiges passieren würde. Schließlich, so meinten sie, würde es immer dort, wo ich war, politisch sehr unruhig werden.

Es dauerte nur wenige Wochen und der Nahe Osten war meine Heimat. Ich bekam eine Aufenthaltsbewilligung für Beirut und reiste für Vorträge oder Seminare nach Syrien, Dubai oder in den Iran. Dank dem Internet konnte ich aber auch jederzeit weltweit arbeiten. Ich konnte meine Kunden in Südamerika, Europa oder der USA weiterhin jederzeit beraten. Auch fuhr ich an verschiedenste Orte, um Seminare abzuhalten.

Irgendwann schrieb mir eine Frau gleichen Alters, die auch sehr medial begabt ist, eine E-Mail. Sie wollte mehr über meine Arbeit erfahren. Wir tauschten uns aus, lernten voneinander und sprachen später viel über Skype. Nach drei Monaten Chatten und Schreiben wollten wir uns treffen. Sieben Monate später waren wir verlobt und nach weiteren sieben verheiratet!

Durch die Heirat änderte sich mein Leben und es änderte sich auch wieder nicht. Vieles wurde neu, ich hatte plötzlich eine Begleiterin, die mir obendrein viel bei meiner Arbeit half.

Als ich sie kennenlernte, schrieb ich gerade mein Buch *Hellsichtig*. Das Buch wurde ein Erfolg und meine Verlegerin, Frau Giger, regte mich an, weiterzuschreiben!

Dann entschlossen wir, meine Frau und ich, uns, unser Leben auf Europa und Südamerika auszurichten. Dem Nahen Osten haben wir zumindest teilweise und erst einmal etwas den Rücken gekehrt.

Aber der Arabische Frühling brachte, wie schon 2001 die Anschläge in New York, eine interessante Dynamik in mein Leben. Journalisten, Politiker, Wirtschaftsleute und Privatpersonen, die von den Veränderungen dort betroffen waren, wollten wissen, was zu erwarten sei.

Die Aufstände im Nahen Osten haben mich auch wieder dazu angeregt, meinen Fokus doch nicht wie geplant ganz aus dieser Region zu lösen. Ich war bereits vor den Unruhen dort, sah sie voraus und bin seither sehr stark mit ihnen beschäftigt.

Heute sitze ich in der Schweiz und schreibe dieses Buch. Es ist eine Retrospektive über meine letzten zwanzig Jahre und gleichzeitig ein Blick in die Zukunft.

Meine letzten zwanzig Jahre medialer Arbeit geschahen um den ganzen Erdball. Schreiben war schon sehr früh wichtig für mich und ich bin sehr froh, heute die Möglichkeit zu haben, mich übers Schreiben zum Ausdruck zu bringen.

Auf den vielen Reisen lernte ich verschiedene Sprachen. Dafür kam mir mein Deutsch etwas abhanden. Die sprachlichen Hindernisse waren es wohl, die mich vor allem zu Beginn meines ersten Buches beim freien Fließenlassen der Worte hinderten. Dank meinem lieben Freund Markus Vögtli, der mir bei meinem Buch *Hellsichtig* tatkräftig zur Seite stand, und meiner Verlegerin Sabine Giger, die immer wieder sagte, dass mein Deutsch nicht so schlecht sei, wie ich es mir einredete, habe ich noch mehr Freude am Schreiben gefunden.

Ich kann auf viele interessante Projekte zurückblicken. Und glücklicherweise habe ich bereits jetzt weltweit sehr viele neue, interessante Projekte in naher und etwas weiterer Zukunft, auf die ich mich freuen kann.

Dieses Buch ist eine Hommage an alle Menschen, die mich in den letzten zwanzig Jahren begleitet haben. Ich widme es vor allem dem mir unbekannten Leser, der sich die Zeit nimmt, diese Zeilen zu lesen. Es gibt viele sehr gute Bücher und ich bin sehr dankbar, dass Sie, der Leser, gerade dieses Buch gewählt haben, um Ihr Geld und Ihre Zeit zu investieren.

Mit meinen Eindrücken und Erfahrungen hoffe ich Anregungen geben zu können. Anregungen, um den eigenen Weg der Intuition zu gehen und um die Kunst der Medialität auszuprobieren.

Ich möchte dem Leser Wege zeigen, die existierenden Vorurteile gegenüber der Kraft und Macht der Intuition zu hinterfragen. Wer würde heute die Möglichkeit der kreativen Kunst infrage stellen?

Warum fällt es oft so schwer, dem Kopf zu vertrauen, aber dem inneren Gefühl nicht? Wie kommt es, dass die meisten Menschen bedingungslos irgendwelchen Befehlen folgen, der inneren Stimme aber das Vertrauen verweigern?

Ich würde mich sehr freuen, auch in den folgenden zwanzig Jahren noch die Möglichkeit zu haben, zu schreiben, Länder bereisen zu können und weiterhin viele interessante Menschen kennenzulernen!

Ebenfalls würde ich mich sehr freuen, wenn ich auch in den nächsten zwanzig Jahren Menschen inspirieren kann, der eigenen Intuition zu vertrauen, Bücher zu schreiben, Lieder zu komponieren, wissenschaftliche Formeln zu entwickeln, politische Strategien zu entwickeln oder neue Länder zu bereisen.

*Frühling und Sommer 2012, Basel, Istanbul, Beirut, Dubai, Bagdad*

# Zwischen Prophezeiung
# und Ideologie

Der mediale Profiler/Berater hofft natürlich immer nur das
Beste für seinen Kunden. Mit meinen Analysen versuche ich,
meinen Kunden durch das Labyrinth des Alltags zu lotsen.
Dabei geht es mir, wie bereits in meinen anderen Büchern
immer wieder beschrieben, nicht nur darum, ihm die Zukunft zu lesen, sondern mögliche Alternativen aufzuzeigen.

Die meisten von uns sind freie Wesen mit einem freien
Willen, zumindest in der westlichen Gesellschaft. Obwohl
dieser freie Wille vorhanden ist, nutzen ihn jedoch nur wenige richtig. Aus zu vielen unterschiedlichen Kanälen, jeder davon hat eigene Interessen, wird uns immer wieder eingetrich-
tert, wir wären festgelegt auf einen vorbestimmten Weg.

Mit einer Aussage legt sich der mediale Analytiker auf
eine bestimmte Situation fest. Lese ich die Aura eines Kunden, so gebe ich der Person damit Werkzeuge in die Hand,
die ihm helfen sollten, seinen eigenen Lebensweg besser gehen zu können. Leider sind diese Aussagen nicht immer
nur positiv.

Mache ich zum Beispiel eine Vorhersage zu einem technischen Problem im Haushalt, das einen großen finanziel-
len Schaden verursacht, so finde ich das für meinen Kunden nicht unbedingt angenehm. Wir, mein Kunde und ich,
versuchen in der Zusammenarbeit, den Schaden begrenzen
zu können oder gar ganz abzuwenden. Vielleicht glaube ich
zu spüren, dass das Problem mit der Heizung zusammen-

hängt, und schlage vor, frühzeitig einen Techniker zu rufen, um die Heizung zu überprüfen.

In den meisten Fällen trifft das von mir Gesehene auch tatsächlich ein. Erhalte ich Tage oder Wochen später eine E-Mail, dass die Heizung versagte und teuer repariert werden musste, so löst das in mir immer gemischte Gefühle aus. Auf der einen Seite tut es mir leid, dass mein Kunde Ärger hatte und viel Geld ausgeben musste. Auf der anderen Seite spüre ich natürlich auch eine gewisse Bestätigung. Schließlich hat sich das von mir Vorhergesehene ergeben. Interessanterweise sind gerade in solchen Situationen auch die Reaktionen meiner Kunden »befriedigend«. Bestimmt nicht wegen des Schadens, sondern weil auch sie sich bestätigt fühlen, dass meine Analysen gut und brauchbar sind.

Ich führe mit meiner Arbeit fast täglich einen Spagat zwischen Prophezeiung und Ideologie aus. Auf der einen Seite hoffe ich natürlich, dass meine Vorhersagen zutreffen. Auf der anderen Seite tut es mir auch leid oder weh, sehe ich, wie meine Kunden oder Menschen, die sich im Umfeld meiner Visionen bewegen, zu Schaden kommen.

Das Beispiel der Heizung ist ein harmloses im Gegensatz zu Situationen, in denen Menschenleben gefährdet sind. Wie in meinen Büchern *Hellsichtig* und *Intuition als Schlüssel deiner Seele* beschrieben, mache ich viele Analysen zu politischen Ereignissen.

Erstelle ich eine Vorhersage zu politischen Wahlen oder Umstürzen, so hoffe ich natürlich, dass »mein« Politiker gewinnt. Egal welchen Hintergrund dieser Politiker hat. In den meisten Fällen liege ich mit meinen Vorhersagen richtig, dennoch fiebre ich jedes Mal mit Leib und Seele mit. Besonders bewegend ist es für mich, wenn meine Analysen irgendwo veröffentlicht werden. Gewinnt »mein« Kandidat oder Kriegsherr, so freue ich mich mit ihm. Das, obwohl wir uns in den meisten Fällen nie begegnet sind. Mir wurde schon öfters mitgeteilt, dass meine Vorhersagen von dem betroffenen Politiker interessiert gelesen wurden.

In einem Fall hat mir einer der betroffenen Politiker schmunzelnd erzählt, dass er vor den Wahlen meine negativen Vorhersagen als Anregung genommen hat. Er wollte mir beweisen, dass er trotz meiner Vorhersage seiner Niederlage gewinnen würde.

Leider hat es zu guter Letzt doch nicht gereicht für ihn und er hat verloren. Auch hier sehen Sie wieder meinen Spagat. Ich mochte den Menschen als Person und hätte ihm den Posten gegönnt. Auf der anderen Seite war ich froh, dass er nicht gewonnen hat. Ich habe ihm das so mitgeteilt und wir mussten beide darüber lachen.

Im Falle eines Politikers hat der Ausgang der Situation schon mehr Gewicht als bei einer Heizung. Dennoch ist auch dieser mehr oder weniger harmlos. Schwieriger ist es, sobald es sich um Kriege, Staatsstreiche oder Bürgerkriege handelt. In diesen Fällen werden Menschen vertrieben, gefoltert und getötet.

Schon in Südamerika wurde ich immer wieder in Kriege, vor allem aber in Staatsstreiche involviert. In den meisten Fällen wurde ich von der Presse angefragt, für sie eine Analyse zusammenzustellen. Es kam aber auch vor, dass ich von Politikern oder Militärs gebeten wurde, Vorhersagen zum möglichen Ausgang zu machen; oder es ging um klare Hinweise zu möglichen nächsten Handlungen.

Fragen zur Hochkonjunktur und Analysen zu politischen Themen habe ich bereits vor dem offiziellen Beginn des Arabischen Frühlings beantwortet. Wie Sie auf meiner Webseite unter VISIONS lesen können, habe ich den Beginn der Aufstände vorhergesehen.

Gleich zu Beginn der Unruhen wurde ich zudem von Journalisten zur Entwicklung der Revolutionen in den verschiedenen Ländern befragt. Meine Analysen waren von Land zu Land unterschiedlich und bis zum heutigen Datum sehr zutreffend.

Im Falle Gaddafis habe ich, wie noch im Kapitel Libyen zu lesen sein wird, vorhergesagt, dass er den Aufstand zuerst überstehen und nicht wie Mubarak direkt aus dem Amt gejagt wird. Auch sah ich für den libyschen Präsidenten ein sehr unrühmliches Ende und mit größter Wahrscheinlichkeit den Tod voraus.

Täglich fieberte ich mit den Aufständischen und wünschte mir deren Freiheit. Als medialer Profiler hingegen erwartete ich, dass sich Gaddafi noch halten und den Ansturm des Volkes zurückschlagen wird. Als die Nato in den Konflikt eingriff und die Rebellen vor einer erbitterten Niederlage rettete, war ich als Hellseher beruhigt. Gaddafi konnte nicht, wie seine Amtskollegen in Ägypten oder Tunesien, aus dem Amt gejagt werden. Meine Vorhersagen stimmten wieder einmal.

Jetzt ging es darum, wie der Kampf ausgehen würde. Nach dem Fall von Tripolis verlor sich die Spur von Muammar al-Gaddafi. Es hieß, er sei im Ausland. Wäre dem tatsächlich so gewesen, hätte meine Vorhersage zu seinem Ableben nicht gestimmt.

Ich machte weitere Analysen, auch zu seinem möglichen Aufenthaltsort und sendete meine Ergebnisse an verschiedene westliche staatliche Stellen. Es gab während dieses Krieges schon zu viele unnötige Opfer und Brutalität. Gaddafi hätte es verdient, für seine Verbrechen gegen die Menschlichkeit vor Gericht gestellt zu werden. Auch hier wieder mein Spagat. Aus menschlicher Sicht hoffte ich, dass Gaddafi vor Gericht gestellt wird. Aus medialer Sicht wünschte ich mir natürlich, dass meine Vorhersage zutreffen würde. Als in der Weltpresse die Fotos vom toten Despoten veröffentlicht wurden, war ich in keinster Weise überrascht und natürlich auch etwas beruhigt.

Bei weltbewegenden Ereignissen wie Kriegen oder Naturkatastrophen gibt es keine Möglichkeit, zu helfen. Zumindest nicht, um die Ausgänge bestimmter Situationen zu verändern. Anders verhält es sich bei Einzelpersonen oder kleineren Gruppen. Hier können die zusammengestellten medialen Analysen einen Prozess in Gang bringen. Es kann Menschen konkret geholfen werden, um ein Ziel zu erreichen oder Probleme zu bewältigen.

Dennoch kommt es auch hier immer mal wieder zu Spagatsituationen. Vor allem wenn ich in Ländern arbeite, die politisch und wirtschaftlich anders funktionieren als Westeuropa. In solchen Momenten darf und kann ich nicht als westeuropäisch erzogene Person arbeiten, sondern muss mich meiner Umgebung und den Umständen vor Ort anpassen. Ich kann unmöglich für einen südamerikanischen Militär die gleiche Sprache und Seelenführung benutzen wie für einen libanesischen Politiker. Diese zwei Menschen haben nicht nur unterschiedliche Sprachen, sondern vielleicht sogar gegensätzliche Religionen. Würde ich jetzt mit denselben moralischen oder ethischen Vorstellungen arbeiten, so würde ich sehr schnell an Grenzen stoßen, die nicht niederzureißen sind.

Arbeite ich mit einem Menschen, so tauche ich durch seine verschiedenen Schichten in seine Seele. Ich sehe mir an, in welchen Umständen diese Seele lebt und worum es im Leben dieses Menschen geht. Ich kombiniere die verschiedenen Aspekte zu einer großen Idee und setze diese mit meinem Klienten um.

Sehr oft vor kommt es, dass ich mich persönlich weder mit der Situation noch mit dem Land identifizieren kann oder mit dem Menschen übereinstimme. In solchen Momenten ist der Spagat wieder gefragt. Ich muss einen Ausgleich finden zwischen dem, was ich durch meine Arbeit sehe, und meinen persönlichen Idealen oder Vorstellungen.

Ich würde mir nicht anmaßen wollen, das große Überspiel zu verstehen. Wie bereits beschrieben, glaube ich aus Erfahrung fest daran, dass es einen höheren Plan gibt, den wir nur selten verstehen. Ich bin davon überzeugt, dass viele Menschen mit ihrer Arbeit diesem Plan helfen. Aus tiefster Überzeugung heraus hoffe ich, dass meine Arbeit auch Teil dieses Planes ist.

In den vielen Jahren meiner Tätigkeit konnte ich immer wieder beobachten, wie meine Arbeit Früchte getragen hat, die im eigentlichen Moment der Arbeit nicht absehbar waren. Hätte ich im Moment der Handlung zu viele Fragen gestellt, hätte ich mir und meiner Arbeit nur im Weg gestanden. So bin ich meinem Instinkt gefolgt, habe gearbeitet und vertraut.

Zurückblickend auf meine letzten zwanzig Jahre als medialer Arbeiter, kann ich behaupten, zum größten Teil genau gewusst zu haben, dass meine Arbeit ihre Richtigkeit hat.

Es kam ohne Zweifel auch vor, dass ich mich ertappte, wie ich aus falschen Impulsen heraus handelte. In dem Fall habe ich gestoppt und bin in mich gegangen. Ich habe meditiert, um zu sehen, wo ich falsch gelegen habe und was getan werden muss, um wieder auf den richtigen Weg zu kommen.

An einem Punkt meines Lebens habe ich mich in Bolivien ganz klar auf der falschen Seite befunden. Ich habe gegen meine tiefste, innere Überzeugung weitergemacht und habe mich dabei selber geschämt!

Als ich mich dann endlich zurückzog, war es bereits zu spät. Ich war jung, hatte viel Einfluss und wenig Erfahrung. Über Tage hinweg fühlte ich mich schlecht, betete und bat um Vergebung. Nach vielen Stunden des Meditierens hörte ich klar und deutlich eine Stimme in mir. Ich solle mir, so wurde gesagt, ein Zeichen setzen, um mich immer wieder an diesen Moment zu erinnern und daran, wie wichtig es ist, der inneren Wahrheit zu folgen.

Nach kurzem Suchen stieß ich auf das lateinische Wort für Wahrheit: VERITAS!

Ich überlegte mir, wo und wie ich mir dieses Mantra am deutlichsten anbringen könnte. Es dauerte nicht lange und ich hatte die Antwort. VERITAS musste auf meinen linken Oberarm tätowiert werden. Jeden Morgen beim Waschen, Rasieren oder Zähneputzen sehe ich mir gewollt oder ungewollt auf den Oberarm.

Für den Rest meines Lebens erinnere ich mich der Wahrheit und trete ich einen Schritt zurück, so fängt es auf meinem linken Oberarm leicht an zu kribbeln. VERITAS macht sich bemerkbar und zeigt mir den Weg!

# Die Kunst der Intuition

Während die meisten Wissen(-schaften) erst erlernt werden müssen, wird uns die Kraft der Intuition in die Wiege gelegt. Wir werden intuitiv geboren!

Umerziehung, straffe Disziplin und rationelles Denken bringt leider die meisten Menschen schon sehr früh wieder von der Kunst oder der Kraft der Intuition weg. Ein Kind müsste eigentlich nichts anderes machen, als seiner eigenen Stimme zu folgen, und würde so seine Intuition bestens schulen. Natürlich brauchen Kleinkinder Erziehung und Schulung. Im Idealfall jedoch sollte diese äußere Erziehung mit der inneren Führung der Intuition in Einklang stehen.

Würden wir immer wieder auf unsere Intuition hören, um zu sehen, wo der Lebensweg uns hinführt, so wäre unsere Existenz um vieles einfacher.

In meinen Beratungen sehe ich nicht selten hinter Frauen die Seele eines ungeborenen Kindes. Kinderseelen warten oft bis zu sechs Monate, um geboren zu werden. Manchmal sind es auch nur Wochen vom Erblicken der Kinderseele bis zum Bekanntwerden einer Schwangerschaft.

In den meisten Fällen ist die zukünftige Mutter sehr erfreut über meinen Hinweis zur Kinderseele, die geboren werden möchte. Es kommt vor, dass Frauen über Monate versuchen, schwanger zu werden, und langsam bereits die

Hoffnung aufgeben. Mein Hinweis, dass doch noch ein Kind wartet, ist gerade in solchen Fällen eine Nachricht großer Freude. Andere hingegen erschrecken und fragen mich, ob es auch möglich sei, dass das Kind nicht kommt.

In solchen Fällen sage ich, dass wir fast immer einen freien Willen haben und selber entscheiden können, ob die Seele kommen soll oder nicht.

Konzentriere ich mich auf die Seele eines noch ungeborenen Kindes, so sehe ich bereits gewisse Neigungen, die das Kind haben wird. Es gibt Seelen, die haben eindeutig eine künstlerische Seite, andere zeigen eine eher akademisch rationale Persönlichkeit.

Ich mache meine Arbeit nun seit zwanzig Jahren und kenne daher schon viele Kinder, die ich bereits vor den Eltern erblicken konnte. Über die Jahre haben sich diese Kinder entwickelt und wir konnten sehen, wie die Entwicklung in vielen Fällen tatsächlich in die von mir beobachtete Richtung ging. Ich erkenne die Kinder, die ich nach der Geburt zum ersten Mal sehe, als die Seele wieder, die ich bereits vor der Schwangerschaft sah.

Ich habe auf meinem Gebiet viel herumexperimentiert. Sobald ich eine neue Technik lerne, mache ich in dieser immer wieder verschiedene Experimente.

So bin ich vor vielen Jahren langsam mit geschlossenen Augen durch einen Wald spaziert. Ich wollte sehen, ob ich die Aura der Pflanzen und Bäume spüren kann, bevor ich sie mit meinen ausgestreckten Armen berührte. Das Ergebnis war ausgesprochen erfreulich. Oder ich stellte mich mit einer dunklen Sonnenbrille in die Mitte einer Fußgängerzone und schloss meine Augen. Ich wollte sehen, ob ich die Auren von Menschen, die an mir vorbeigingen, spüren und ob ich das Geschlecht erkennen konnte. Diese Aufgabe war sehr schwierig, da viele Menschen gleichzeitig an mir vorbeigingen und ich mich nur schwer auf einzelne konzentrieren konnte.

Einfacher war es dagegen, in einem Restaurant oder einer Bar zwei oder mehrere Menschen zu beobachten und dabei zu versuchen, zu spüren beziehungsweise herauszufinden, worüber gesprochen wurde. Hatte ich einen Eindruck gewonnen, so näherte ich mich unauffällig der Gruppe und horchte in das Gespräch, um festzustellen, worum es ging. Bei dieser Übung war der Erfolg wieder zufriedenstellender.

Eine andere Technik, die ich viel übte und immer noch fast täglich einsetze, um mich zu testen oder zu schulen, kann ich dem interessierten Leser wärmstens empfehlen. Man sucht sich dafür in der Presse eine interessante Situation aus, in der es um das Schicksal von Personen geht, zum Beispiel vor Wahlen oder bei der Vertrauensfrage für einen Politiker. Nun konzentriert man sich auf die Person, um die es geht, und versucht zu spüren, wie die Situation möglicherweise ausgehen wird.

Oder man konzentriert sich auf eine politische Entwicklung, schreibt sich auf, wie man die Entwicklung spürt, und beobachtet dann, wie die tatsächliche Entwicklung abläuft. Zu guter Letzt vergleicht man die Notizen mit der Situation und kann Rückschlüsse ziehen.

In meinen vielen Seminaren, Vorträgen oder Fernsehauftritten werde ich immer wieder gefragt, wie man die Intuition am besten hören oder fühlen kann. Ganz einfach, gebe ich zur Antwort, indem man aufhört, in der Außenwelt zu suchen, und sie bei sich findet!

Die Intuition macht sich bemerkbar, sobald Ruhe eingekehrt ist. Gebete, Meditationen, Rituale oder andere Techniken sind Hilfsmittel, um sich von äußerem Lärm zu lösen und die eigene Stimme zu hören. Steht man erst mit der Intuition in Verbindung, so benötigt man keinen Guru, Meister oder keine weisen Sprüche mehr.

Gewisse Elemente werfen mir vor, ich würde mit meiner Arbeit Menschen abhängig oder hörig von mir machen. Solche Aussagen zeugen von tiefster Unwissenheit meiner Arbeit gegenüber. Mein Erfolg zeigt sich nicht in der Länge der Zeit, die Menschen mit mir durch Kurse und Vorträge gehen, sondern darin, wie sie sich wieder von mir lösen und Eigenverantwortung für ihr Leben übernehmen können.

Ich sehe in meiner Arbeit die Aufgabe, den Menschen sich selber näherzubringen. Ich wünsche mir, dass jeder Mensch sein eigenes Potenzial in sich findet. Jeder von uns hat einen Christus, Buddha oder Mohammed in sich. Jeder Mann und jede Frau trägt eine kreative Frucht. Die Intuition kann helfen, diese Frucht zu erkennen. Anhand der Kreativität wird diese Frucht zum Ausdruck gebracht. Wir werden vom Schäfchen zum freien Löwen, lösen uns vom Schäfer und erfüllen unsere Lebensaufgabe.

Um mit der Intuition vertraut zu werden, müssen wir sie entmystifizieren! Kein Heiligenbild, keine umfangreichen Rituale und auch kein spartanisches oder heiliges Verhalten sind notwendig, um mit der Intuition in Verbindung zu treten. Der Intuition ist es egal, ob wir schwarze oder weiße Kleider tragen. Es ist ihr ebenso egal, ob wir Fleisch essen oder nicht oder ob wir politisch links, rechts oder in der Mitte aktiv sind. Es ist ihr sogar egal, ob wir böse Menschen sind oder nicht!

Mein Buch *Wenn die Dämonen rufen* hat bei vielen Menschen Angst ausgelöst. Vor allem in sogenannten spirituellen Kreisen wird viel Wert auf sogenannte hohe »moralische und ethische« Ansprüche gelegt. Bestimmt ist es wichtig, in einer Gesellschaft gewissen Wertvorstellungen zu folgen. Es ist aber ebenso wichtig, zu wissen, dass diese Wertvorstellungen rein gesellschaftlicher Natur sind und nicht mit der Kraft der Intuition in Verbindung stehen.

Wer seine Intuition erst spürt, wird merken, wie einfach es eigentlich ist, sich führen zu lassen.

Ich gehe davon aus, dass unser Körper eine physische Manifestierung unserer Seele ist. Diese sucht sich einen Körper, der zu den entsprechenden Veranlagungen passt. Im Idealfall passen sich Körper und Veranlagungen den gesellschaftlichen und historischen Ereignissen an. Es zeigt sich immer wieder, dass mehrere Menschen, um den Globus verteilt, gleichzeitig sehr ähnliche Ideen haben oder Entdeckungen machen. Der Empfänger einer intuitiven Inspiration, der noch dazu das »Glück« hat, zur richtigen Zeit mit der Errungenschaft am richtigen Ort zu sein, macht Geschichte.

Obwohl ich nicht davon ausgehe, dass Gott in einer Wolke sitzt und feste Pläne mit uns Menschen hat, so bin ich doch davon überzeugt, dass es bestimmte Errungenschaften für konkrete Zeitepochen gibt. Diese Errungenschaften können wissenschaftlicher, politischer oder künstlerischer Natur sein.

Ich sehe unsere Entwicklung ähnlich einem Puzzle. Eine für uns nicht erkennbare oder durchschaubare Intelligenz fügt Teilchen zusammen, um ein Bild entstehen zu lassen. Für den einzelnen Menschen oder das einzelne Puzzleteilchen ergeben die Bewegungen nicht immer Sinn und sie können oft auch nicht im Moment verstanden werden. Erst später, aus der Zukunftsperspektive heraus, können gewisse Handlungen, die gemacht wurden, verstanden werden. Das gilt nicht nur für Erfindungen und die schönen Aspekte des Lebens, sondern auch für die dunklen oder bösen.

Sich wirklich intuitiv führen zu lassen kann bedeuten, kurzfristig gegen menschliche Wertvorstellungen zu verstoßen. Akzeptiert man das Göttliche als Überplan, so wäre es reiner Atheismus, sich mit moralischen oder ethischen Wertvorstellungen gegen natürliche Handlungen stellen zu wollen.

Für den intuitiv Geführten wird das Leben zur Magie, die weit über die Grenzen von Schwarz und Weiß hinausgeht. Einschränkungen lösen sich auf. Ängste werden überwunden. Kräfte entwickeln sich. Horizonte dehnen sich aus. Dimensionen kommen ins Leben. Es entstehen Möglichkeiten, die in Märchen und Legenden wiedergegeben werden. Es wird für jeden möglich, zu einem Helden des Alltags zu werden!

Sich intuitiv führen zu lassen bedeutet, zum Pinsel einer höheren Gewalt zu werden. Man kann an Wissen gelangen, das unter normalen Umständen nur sehr schwierig zu erlangen ist.

Intuition macht den Empfänger zum Kunstwerk und Künstler gleichzeitig und ist erreichbar für jeden, der sich ihr hingibt.

# Der Arabische Frühling
# in Ägypten

Ich werde häufig gefragt, ob ich medial die Lottozahlen vorhersehen kann. Meine Antwort ist immer die gleiche: Leider nein und wäre es möglich, so würde ich die Zahlen bestimmt nicht weitergeben, sondern den Gewinn für mich behalten. Es war und ist bis anhin für mich nicht möglich, Lottozahlen vorherzusehen, obwohl ich es öfter versucht habe. Ich habe noch nie jemanden getroffen, der die Fähigkeit hatte, die Zahlen intuitiv vor dem Spiel zu sehen. Auch bei Sportwetten waren meine Experimente nicht erfolgreich genug, um weiterhin Geld zu investieren.

Hingegen waren meine Resultate an der Börse erfolgreicher. Speziell in Kombination mit politischen Voranalysen war es mir schon sehr oft möglich, gute Gewinne an der Börse zu erzielen.

Drei- bis viermal pro Jahr schreibe ich Newsletter zu verschiedensten Themen, die direkt oder indirekt mit meiner Arbeit zusammenhängen. Ende März 2011 veröffentlichte ich einen Newsletter zu dem Thema Börse. Ich beschrieb einen Fall, bei dem ich meine medialen Informationen an der Börse konkret einsetzen konnte und damit Geld verdiente.

Die Reaktionen darauf waren zumeist sehr aufgeschlossen. Wie zu erwarten, gab es den einen oder anderen Möchtegernmoralisten, der es nicht ethisch fand, mit medialen Informationen Geld zu verdienen. Unabhängig davon, dass ich diese Ansicht etwas eingeschränkt finde, kann ich sagen, dass durch solche Investitionen nichts ausgelöst wird, das nicht so oder so passiert. Zudem hat man später die Möglichkeit, das Geld in etwas Gutem zu investieren.

Fast wie ein Politkrimi liest sich die folgende Geschichte, die ich mit dem Leser gerne teilen möchte. Sie zeigt, wie mit medial-intuitiver Technik global gearbeitet und Geld verdient werden kann.

## Das schwarze Gold

In den ersten Dezembertagen 2010 hatte ich ein Treffen mit dem führenden Diplomaten einer europäischen Botschaft in Tel Aviv.

Wenige Tage vor dem Treffen hatte ich eine intuitive Eingebung, die mich aufhorchen ließ und mich stark verunsicherte. Bilder von Gewalt und Zerstörung zogen an meinen Augen vorbei. Für mich stand ohne Zweifel fest, dass diese Gewalt regional war und ein politisches Erdbeben auslösen könnte.

Ich wusste, dass der Diplomat ein offenes Ohr für meine Arbeit hatte, und teilte ihm meine Visionen mit. Interessiert hörte mir mein Gegenüber in einem Café ganz in der Nähe des Strandes zu und stellte auch Fragen, die ich, so gut es mir möglich war, beantwortete.

Einige Wochen später begannen die Unruhen in Tunesien. Noch bevor die ersten Opfer beerdigt werden konnten, wusste ich, dass dies die von mir gesehenen Unruhen waren. Ich wusste instinktiv, dass noch viel mehr Gewalt entstehen würde. Wäre es nur bei Tunesien geblieben, wären die Bilder, die ich hatte, nicht so stark gewesen. Tunesien ist dafür geografisch zu weit vom Nahen Osten entfernt und, was noch wichtiger war, emotional nicht mit mir verbunden.

Die Bilder, die ich gesehen hatte, waren aber stark und klar. Das hieß, sie mussten mich direkt betreffen. Das ist normalerweise der Fall, wenn es sich um ein Land handelt, in dem ich lebe oder das ich zumindest schon besucht hatte. Bei Tunesien war beides nicht der Fall.

Ich schrieb mehreren Journalisten im Libanon und in Dubai. Meine intuitiven Bilder kurz erwähnend, bot ich ihnen an, weitere Analysen zu den einzelnen Ländern im Nahen Osten und Nordafrika zu machen. Ich teilte ihnen mit, dass dies nur der Anfang sei und noch viel mehr Probleme entstehen würden.

Ohne Zweifel mussten die Unruhen auch Auswirkungen auf die Wirtschaft haben. Ich überlegte mir, wie diese Auswirkungen wohl aussehen könnten. Mein erster Gedanke war Öl. Politische Unruhen in größerem Umfang in dieser Region der Erde mussten den Ölpreis nach oben drücken. Ich suchte an der Börse Mini Futures mit Hebelwirkung auf Öl und investierte auf den steigenden Ölpreis.

Nach Tunesien gab es zu Beginn des Jahres 2011 die ersten Unruhen in Algerien. In der dritten Januarwoche fingen die ernsthaften Krawalle in Ägypten an. Gewalt überzog das Land.

Als die Probleme in Ägypten begannen, meditierte ich über die Zukunft des Landes. Ich wollte sehen, ob die Probleme andauern würden oder, wie von vielen Experten angenommen, die Situation bald wieder unter Kontrolle gebracht werden könnte.

Die Weltwirtschaft erkannte bald die Gefahr für den Ölhandel bei größeren Unruhen in Ägypten. Der Suezkanal wird von Ölfrachtern genutzt, die das schwarze Gold nach Europa schiffen. Es ist ein Schifffahrtskanal zwischen den Hafenstädten Port Said und Port Taufiq. Der Kanal verbindet das Mittelmeer über den Isthmus von Suez mit dem Roten Meer. Der Seeschifffahrt wird dadurch der Weg um Afrika erspart. Der Kanal wurde am 17. November 1869 eröffnet. Im Jahr 2009 wurden täglich rund eine Million Barrel Öl und raffinierte Ölprodukte in Richtung Mittelmeer durch den Kanal geschleust. Unruhen in Ägypten könnten den Verkehr im Kanal zum Erliegen bringen.

Wie erwartet stieg der Ölpreis überdurchschnittlich an. Im richtigen Moment verkaufte ich meine Anteile. Wenige Tage danach sank der Preis wieder, fast bis zu seinem Preis vor den Unruhen in Ägypten. Die Börsen gingen davon aus, dass Mubarak wieder Ruhe und Ordnung in sein Land bringen könnte. Dass dem nicht so sein würde, war mir dank meinen Visionen klar. Daher investierte ich erneut in den gleichen Öltitel und wartete gespannt ab.

Jeden Tag las ich politische und wirtschaftliche Zeitungen. An gewissen Tagen machte ich mehrere Analysen, um kurzfristige Entwicklungen vorhersehen zu können.

Die Unruhen in Ägypten wurden nicht weniger. Im Gegenteil, sie drohten in einen Flächenbrand auszuarten. Die Gefahr, dass der Suezkanal doch noch geschlossen oder blockiert würde, stieg und somit auch der Ölpreis.

Wieder haben sich meine intuitiven Bilder bestätigt. Erneut verkaufte ich meine Wertpapiere mit einer sehr zufriedenstellenden Gewinnmarge.

Präsident Mubarak floh nach Sharm el Sheikh und verschanzte sich in einem seiner Paläste. Am 11. Februar trat der langjährige Präsident zurück, ein Militärrat übernahm die Macht. Dieser versprach freie und demokratische Wahlen sowie die Aufhebung der seit dreißig Jahren geltenden Notstandsgesetze.

Nur wenige Tage nach Ägypten schwappten die Unruhen auf mehrere nahe liegende Staaten über.

Eine Journalistin aus Beirut wollte wissen, wie ich die Zukunft in Ägypten sehen würde. In der Februarausgabe 2011 der Zeitschrift FEMME MAGAZIN wurde ein langer Artikel mit meinen Vorhersagen zu den betroffenen Ländern veröffentlicht.

Ich sah für Ägypten weitere Unruhen bevor. Trotz Abdankung Mubaraks und dem Militär an der Macht war für mich ersichtlich, dass damit das Problem noch lange nicht gelöst war. Um den Zeitraum der Parlamentswahlen herum sah ich neue Wellen der Gewalt mit viel Blut. Eine wirkliche Änderung konnte ich jedoch nicht feststellen. Ich sah eine pro-westliche Regierung, die Gefahr einer wirklichen Abwendung vom bestehenden Kurs konnte ich nicht feststellen.

Ägypten war für mich eine neue Erfahrung. Bis dahin hatte ich entweder medial politisch oder medial wirtschaftlich gearbeitet. Für Kunden oder aus persönlichem Interesse hatte ich bisher viele politische und wirtschaftliche Situationen analysiert.

Es war für mich daher sehr interessant, diese zwei Gebiete miteinander zu verschmelzen. Mediale Analysen, geopolitisches Wissen und Recherchen der wirtschaftlichen Umstände haben mir erlaubt, bestehende Situationen zu nutzen.

Der offene Geist hat, wie dieser Fall eindeutig zeigt, die Möglichkeit, die Macht der Intuition nicht nur für spirituelles Wachstum einzusetzen.

Es ist auch ein offenes Geheimnis, dass viele führende Köpfe der Wirtschaft und der Politik sehr intuitiv sind. Viele meiner Kunden sind erfolgreiche Geschäftsleute und setzen ihre Intuition täglich ein.

# Muammar al-Gaddafi und der Fall Libyen

Meine Vorhersagen für den Jemen, veröffentlicht im Februar 2011 in der libanesischen Zeitschrift FEMME MAGAZINE, auf meiner Webseite und auf Facebook lauteten:
»Au Yémen, le gouvernement réussira à reprendre les choses en main et un retour progressif à la stabilité est prévu.« (*Im Jemen wird die Regierung die Macht Schritt für Schritt wieder zurückgewinnen, die Situation wird wieder entspannter.*)

Im Jemen begannen die Proteste Ende Januar 2011 mit ersten Demonstrationen. Rund 16 000 Jemeniten demonstrierten in der Hauptstadt Sanaa gegen die Politik von Präsident Ali Abdullah Salih.

Im Februar erklärte der Präsident, nicht für eine weitere Amtszeit kandidieren zu wollen. Weitere Proteste folgten. Der Präsident entließ seine Regierung. Im Juni wurde der Präsident verletzt und musste nach Riad zu Behandlungen fliegen. Sein Stellvertreter übernahm die Macht.

Nach einer kurzen Rückkehr in sein Heimatland verließ der Präsident bald darauf sein Land Richtung USA. Als Grund wurden medizinische Behandlungen angegeben. Mitte Februar 2012 gab es neue Wahlen. Salih reiste für die Wahlen überraschend zurück. Der einzige Kandidat war Salihs Stellvertreter. An der Regierung hat sich nichts geändert. Auch Militär und Geheimdienste werden weiterhin von Salihs Familienclan kontrolliert.

Nach den Machtwechseln in Ägypten, Tunesien, Algerien und Libyen blieb die Regierung in Jemen an der Macht. Genau so, wie von mir vorhergesehen.

Kurz nach dem Sturz von Mubarak in Ägypten wurde Libyen von den Unruhen betroffen. Das Land war mir bereits seit der Inhaftierung Max Göldis bestens vertraut. Damals machte ich für einen Schweizer Fernsehsender eine Analyse zum Verlauf der politischen Krise zwischen der Schweiz und Libyen und der Verhaftung von Göldi.

Bereits im Februar 2011 veröffentlichte ich in einem Interview meine Analysen zum Fall Libyen und Muammar al-Gaddafi. Im Gegensatz zu Algerien und Ägypten sah ich, dass Präsident Gaddafi dem Aufstand widerstehen und nicht so einfach aus dem Amt gejagt werden könnte.

Meine Analysen ergaben Folgendes: In Libyen wird Muammar al-Gaddafi das Chaos auf den Straßen kontrollieren können. Die eigentliche Gefahr sehe ich nicht von der Straße. Er wird verraten werden und erst dann fliegen. Mit größter Wahrscheinlichkeit wird er getötet werden.

Aufmerksam verfolgte ich die Geschehnisse in Libyen. Ich war überhaupt nicht erstaunt oder überrascht, als in der Presse stand, dass die Armee Gaddafis die Rebellen unter Kontrolle halten würde. Tatsächlich wurden die Aufständischen immer mehr zurückgedrängt.

Meine Analysen sendete ich zu verschiedenen Libyschen Botschaften und der Gaddafi-Stiftung. Ich bot der Regierung an, dass ich meine Analysen vertiefen könnte, um weitere Entwicklungen des Aufstandes vorherzusehen.

Immer mehr hochrangige Militärs und Politiker Gaddafis wechselten die Seite oder zogen den Gang ins Exil dem Kampf vor. Diese Seitenwechsel könnten sehr gut der von mir gesehene Verrat sein.

Militärische Erfolge der Regierungstruppen führten Mitte März zur Verabschiedung der Resolution 1973, in der ein sofortiger Waffenstillstand und die Einrichtung einer Flugverbotszone gefordert wurden. Wenig später griffen Streitkräfte der Nato in den Aufstand ein und unterstützten die Rebellen, um eine Niederlage der Aufständischen zu verhindern.

Erst mit der Hilfe der Nato-Truppen erreichten die Rebellen einen Sieg nach dem anderen. Im August brach die Regierung von Gaddafi zusammen, ein Teil seiner Familie floh ins Ausland und andere, unter ihnen Gaddafi, tauchten unter.

In der Weltpresse wurde viel über den Verbleib von Gaddafi spekuliert. Einige Geheimdienste behaupteten, er sei im Ausland, andere Quellen wollten wissen, dass er sich im Zentrum des Landes aufhalten würde. Wieder andere behaupteten, er befände sich in seiner Heimatstadt Sirte. Aus Quellen der Aufständischen hieß es, dass Gaddafi vermutlich noch in Tripolis sei und sich in einer seiner Tunnelanlagen verstecken würde.

Am 23. August 2011 machte ich ein Remote Viewing, um zu sehen, wo Gaddafi sich aufhalten könnte. Folgendes sah ich: Ich sehe General Gaddafi nicht mehr in Tripolis. Ich kann ihn immer noch im Land sehen und zwar in ländlicher Gegend. Die Region, in der er sich befindet, ist ihm sehr vertraut, sie hat mit seinem Ursprung zu tun. Die Landschaft sieht sehr felsig aus, mit Hügeln und an der Meeresküste. Menschen auf Pferden bewachen ihn. Die Menschen um ihn herum sind bestens organisiert und schwer bewaffnet. Das Gebäude, in dem ich ihn sehe, muss so etwas wie ein Palast oder ein öffentliches Gebäude sein, vielleicht eine Art Gerichtsgebäude.

Diese Analyse veröffentlichte ich auf meiner Webseite und in meiner Facebook-Gruppe »Visions Psychic Martin Zoller«. Auf dieser Seite veröffentliche ich immer meine neuesten Visionen zu politischen und wirtschaftlichen Ereignissen. Das gibt der Öffentlichkeit die Möglichkeit, meine Analysen zu verfolgen, um zu sehen, wo ich richtig liege und wo nicht.

Man sollte mir später nicht vorwerfen können, ich würde meine Aussagen den Ausgängen der Ereignisse anpassen. Auf Facebook sind Datum und Veröffentlichungszeit angegeben und können nicht verändert werden.

Zusätzlich schickte ich meine Analysen per E-Mail an den libyschen Übergangsrat, an die Nato, die französische Botschaft und an den englischen Geheimdienst.

Am 19. Oktober 2011 flog ich für Vorträge und Seminare nach Österreich. Am 20. Oktober fuhren der Organisator meiner Seminare und Vorträge und ich nach dem Essen ins Hotel. Dabei hörten wir Radio. Ich war wie vom Blitz getroffen, als es plötzlich hieß, Gaddafi sei in seiner Heimatstadt aufgegriffen worden. Ich drehte das Radio lauter und gespannt hörten wir den Bericht. Ich erzählte aufgeregt von meiner Analyse und auch, wie ich die Geschichte ausgehen sah. In dem Moment war für mich klar, dass Gaddafi die Verhaftung nicht überleben würde.

Wenige Stunden später war Gaddafi tot! Wieder einmal hatte sich eine meiner Visionen fast Punkt für Punkt erfüllt. Wieder einmal war die Kraft und die Macht der Intuition bewiesen worden.

Zur Einleitung meiner Vorträge in Österreich erzählten wir dieses höchst aktuelle Ereignis den gespannten Zuhörern.

Saudi-Arabien hatte ich für das Interview der libanesischen Zeitschrift ebenfalls unter die Lupe genommen.

Fast eintönig waren die Bilder, die ich zu den Aufständen im Wüstenstaat erhalten hatte. Es bestand für mich kein Zweifel, dass die Aufständischen dort keine Chance haben würden, etwas zu verändern. Nicht, weil die Regierung in Saudi-Arabien besser wäre als in Libyen oder Jemen, sondern weil die Interessen des Westens ganz andere sind. Niemand möchte dort wirkliche Veränderungen, sieht man die Saudis doch als treue Verbündete an, die Europa, die USA und die restlichen westlichen Mächte mit Öl versorgen.

Der Arabische Frühling hat meine Arbeit revolutioniert. Mehrere Wochen bevor die Aufstände anfingen, hatte ich bereits Bilder darüber erhalten. In den Medien wurde westlichen Geheimdiensten vorgeworfen, sie hätten die Aufstände nicht vorhergesehen. Wo Geheimdienste mit ihren Tausenden von Kollaborateuren, technischen Labors, Foltermethoden und Bestechungen an ihre Grenzen kommen, fangen die Möglichkeiten der medialen Profiler erst an.

# Medialität im Fernsehen

Das Fernsehen hat wie so vieles auch die Kreativität der Medialität sehr stark verändert und beeinflusst. Wurde Medialität vor dem Zeitalter des Fernsehens hauptsächlich hinter verschlossenen Türen praktiziert, so gab das Fernsehen dem Hellseher die Möglichkeit, mit seiner Arbeit die Massen zu erreichen.

Ich erkannte sehr früh die Vorteile der Massenmedien und lernte sie schätzen. Zu Beginn meiner medialen Laufbahn konnte ich hauptsächlich in Hotel-Konferenzräumen oder auf Messegeländen die Vorteile der Medialität aufzeigen. Vorträge waren und sind immer noch eine wunderbare Möglichkeit, den Menschen die Kraft der Intuition näherzubringen.

Spätestens nach meinem ersten TV-Interview und der daraus entstandenen Reaktion wusste ich, wie vielseitig das Potenzial vor der Kamera sein kann.

Es ging mir nie darum, bei einem der vielen Privatsender die Zukunft zu lesen, um Geld zu verdienen. Für mich bestand die wirkliche Macht des Fernsehens in der Präsentation meiner Arbeitsweise. Ich wollte den Menschen beweisen, dass Medialität mehr ist, als nur die Zukunft aus Tarotkarten zu lesen. Natürlich bot ich in meinem TV-Programm *Momentos Misticos* auch die Möglichkeit an, über die Karten oder die Aura Hinweise über mögliche Lebenssituationen zu geben. Ich machte das jedoch hauptsächlich, weil ich wusste, dass der Zuschauer es sehen wollte.

Viel interessanter und vielseitiger jedoch war es, mit Kamerateams alte Ruinen zu besuchen oder auf die Suche nach vermissten Menschen zu gehen. In meiner Sendung in Bolivien wollte ich verschiedene Segmente anbieten. Manchmal sprach ich über interessante Themen wie die Aura, Träume, Geistwesen oder Magie. Oder ich analysierte Bürgerkriege, Wahlen oder wirtschaftliche Entwicklungen. Wir gingen auch auf die Straße und interviewten Menschen zu den verschiedensten Themen oder luden Angehörige von Vermissten ein, um den Fall zu analysieren.

So reizvoll diese Sendungen auch waren, so gefährlich konnten sie sein. Nur selten waren meine Programme nicht live. Ich machte Analysen über schicksalsträchtige Situationen oder einflussreiche und oft nicht ungefährliche Persönlichkeiten.

Aussagen, die vor laufender Kamera gemacht werden, können nicht zurückgezogen werden und genau das machte meine Arbeit so wertvoll. Man konnte mir nicht vorwerfen, meine Analysen seien betrügerisch. Noch heute kann man auf meiner Webseite und anderen Internetseiten Filme von mir und meinen Analysen ansehen. Den Skeptiker lade ich gerne dazu ein, meine Aussagen mit den damaligen Situationen zu vergleichen, um sich ein besseres Bild zu machen.

Meine Sendung war erfolgreich und wurde sehr viel gesehen. Nicht wenige Menschen, so wurde mir gesagt, entschieden anhand meiner Aussagen, ob sie zum Beispiel das Land verlassen sollten oder nicht. Und das nicht nur bei Kriegen oder Revolutionen, sondern auch bei Naturkatastrophen.

Ein guter Moderator, der sich in den Alltag eines Landes einmischt, sollte in meinen Augen versuchen, objektiv zu bleiben. Leider habe ich diese Regel eines Tages überschritten und bezog Stellung. Nicht für die falsche Seite, dennoch wurde die Situation für mich an einem bestimmten Punkt in Bolivien doch sehr kritisch, sodass dies einer der Gründe war, warum ich mich entschlossen habe, das Land zu verlassen und erst nach drei Jahren Absenz wieder zurückging.

Meine nächste Erfahrung mit dem Fernsehen war in den USA. In Miami, Los Angeles und New York hatte ich mehrere Fernsehauftritte. Obwohl die USA in vielen Aspekten sehr konservativ sind, waren die Auftritte sehr entspannt und interessant. Ich durfte in seriösen Sendungen, die von Millionen von Menschen gesehen werden, auftreten, um zu zeigen, wie effizient Medialität sein kann. Während des Angriffs Israels gegen den Libanon, 2006, machte ich live Analysen zum Krieg, die, wie es sich nachträglich zeigte, sehr zutreffend waren.

Die zuständigen Redakteure waren zwar skeptisch, aber dennoch offen und unterstützten mich. Es ist daher auch nicht weiter erstaunlich, dass praktisch alle interessanten Konzepte, die Hellsehen und Medialität behandeln, in den USA entworfen wurden.

Als ich in den Nahen Osten zog, ließ ich die USA und damit meine Auftritte vor der Kamera in diesem Land hinter mir.

Dort sind meiner Erfahrung nach der Libanon und Israel die liberalsten Länder, die auch immer wieder Sendungen zu medialen Themen ausstrahlen.

In beiden Ländern habe ich längere Zeit gelebt, hatte aber wegen der Sprachbarriere nie die Möglichkeit, im

Fernsehen etwas zu machen. Dafür hatte ich in mehreren Ländern des Nahen Ostens Presseauftritte, die ohne Ausnahme veröffentlicht wurden.

Durch die Veröffentlichungen meiner Bücher im deutschen Sprachraum wurden die dortigen Sender auf mich aufmerksam. In der Schweiz wurde ich von verschiedenen Fernsehsendern interviewt und in Deutschland produzierten wir mit Sony Film Production für RTL eine Miniserie. In dieser gab ich mögliche Hinweise zu Vermisstenfällen. Leider wurde mit meinen Hinweisen nicht richtig gearbeitet und die Sendereihe wurde nach der ersten Staffel wieder eingestellt. Während ich in Südamerika Hilfe von öffentlichen Stellen bekam, die meine Hinweise ernst nahmen, war das in Europa leider gar nicht der Fall.

Jenes Europa, das sich oft so fortgeschritten, entwickelt, ja gar überheblich benimmt, zeigte sich an diesem Punkt als sehr rückständig. Die Produzenten und Moderatoren der jeweiligen Sender waren ohne Ausnahme offen und interessiert. Die Probleme lagen interessanterweise bei den führenden Entscheidungsstellen und dem Publikum. Gerade Letzteres zeigte eine sehr beschränkte Offenheit neuen Ideen gegenüber.

Erfolgsgeprägt sind in Europa hauptsächlich die teuren Beratungssendungen, bei denen medial beraten wird. Ich muss wohl nicht erwähnen, dass diese Sendungen keine gute Plattform bilden, um mit meinen Konzepten aufzutreten.

Mein nächster Schritt, den ich mithilfe erfahrener Profis bereits entwickle, ist der Fernsehauftritt im Internet. Während mit Ausnahme der wirklich ganz großen Fernsehsender fast alle Stationen sehr regional oder national gebunden sind, bietet das Internet eine weltweite Plattform mit einem Millionenpublikum. Ist man sprachlich gewandt, so kann man sich ohne Weiteres einen eigenen, kleinen TV-Sender zusammenstellen und weltweit auf Sendung gehen.

# Kraftorte,
# Tempel für die Seele

»My home is my castle!« Man könnte auch sagen: »Mein Heim ist mein Tempel!« Leider vergessen wir nur allzu oft, dass unser Körper der Tempel unserer Seele ist.

Um sich kreativ und in voller Blüte zu entfalten, benötigt unsere Seele einen gesunden Körper. Für die meisten von uns ist es glücklicherweise normal, dass unser Körper gesund und richtig entwickelt ist. Dennoch ist es für eine Seele ohne Zweifel auch möglich, sich in einem gesundheitlich eingeschränkten Körper zu bewegen. Viele große Genies der Wissenschaft, Kunst oder der Kraft der Medialität hatten oder haben körperliche Einschränkungen.

Der Begriff »gesunder Körper« bezieht sich nicht unbedingt auf die Funktion sämtlicher Körperteile, sondern vielmehr auf unser tägliches Umgehen mit dem Körper. Falsche Ernährung, der Missbrauch von Genussmittel oder eine unsaubere und verschmutzte Umgebung sind für den Körper schädlicher als ein einschränkender Geburtsfehler.

Um jeglicher Kritik zuvorzukommen, möchte ich an dieser Stelle sagen, dass ich absolut kein Gegner von Genussmitteln bin und nicht nur gesund lebe. Ich halte mich sehr oft in Großstädten mit überdurchschnittlicher Umweltverschmutzung auf. Mein Essen ist nicht nur biologisch, ich nehme Fleisch, Süßigkeiten und bei Krankheiten chemische Medizin zu mir. Auch den Konsum von Alkohol genieße ich sehr und möchte ihn auf keinen Fall missen.

Ich passe demnach ganz und gar nicht zu dem Prototyp eines sogenannten spirituellen Menschen. Im Gegenteil, in Südamerika kannte man mich als das Enfant terrible der Hellseher. Andere gaben mir den Übernamen »El Rasputin moderno«, auf Deutsch »Der moderne Rasputin«.

Heiligkeit war für mich immer mit Scheinheiligkeit verbunden und ich war der Überzeugung, dass ich lieber mit offenen Karten spiele (oder lebe) und dafür nicht plötzlich in Skandale verwickelt werde (wurde ich aber) und man mir Falschheit vorwerfen könnte. Skandale oder Exzesse können passieren. Schlimm wird es erst, wenn sich in solchen Situationen zeigt, dass man selber scheinheilig und falsch war.

Gegen Skandale habe ich nichts. Blöd ist nur, wenn man gegen seine eigenen Werte verstößt. Da ich nie irgendwelche Handlungen als böse oder verwerflich hinstellte (siehe mein Buch *Wenn die Dämonen rufen*), kann man mir, sollte ich bei etwas Unpassendem erwischt werden, auch keine Vorwürfe der Falschheit machen.

Bei einem Skandal sagte mir einmal meine damalige Managerin aus Peru, dass ich mir keine Sorgen machen sollte, wenn die Leute (schlecht) über mich sprechen. Schlimm wird es erst, wenn man nicht mehr wahrgenommen wird.

Trotzdem ist es für mich immer wichtig, dass ich mich in meinem Tempel oder Körper wohlfühle. Ich meditiere jeden Tag, reinige nicht nur meinen Körper, sondern auch meine Aura und meine Chakras. Diese täglichen Reinigungen nenne ich meine spirituelle Hygiene.

Viele vergessen hingegen oft, dass sie neben dem physischen Körper auch einen Lichtkörper haben, der ebenfalls verunreinigt werden kann und gereinigt werden möchte.

Reinigt man seine Aura nicht, so ist das vergleichbar mit einem Körper, den man nicht reinigt und schützt. Tagtäglich reinigen wir den physischen Körper, putzen unsere Zähne, waschen die Haare und wechseln die Kleider. Warum sollte es sich mit dem Lichtkörper anders verhalten? Warum hat es dieser nicht auch verdient, gereinigt zu werden?

In Großstädten trifft man oft auf Menschen, die nicht gereinigt und deren Kleider zerlumpt sind. Auf den ersten Eindruck fühlen sich die meisten Menschen von solchen Personen eher befremdet. Für eine hellsichtige Person verhält es sich nicht anders, wenn man eine Person sieht, die der spirituellen Hygiene nicht nachgeht. Da wir uns dessen nicht so bewusst sind, vergessen viele diese ebenso wichtige Reinigung.

Meditationen, tägliche Abwechslungen von der Arbeit und dem damit verbunden Stress sind bereits sehr wertvolle Aktivitäten, um sich und den feinstofflichen Körper sauber zu halten. In meiner Meditations-CD *Die Kraft der Intuition* führe ich verschiedene Meditationen durch, um solche Reinigungen vorzunehmen.

Empfehlenswert ist eine Morgenmeditation, um den Lichtkörper ein erstes Mal zu reinigen. In meinen Kursen und Vorträgen wird mir immer wieder gesagt, dass dafür die nötige Zeit fehlt. Alles Ausreden!

Es reicht, vor dem Aufstehen drei bis fünf Minuten zu meditieren. Oder man kann während der Dusche kurz die Augen schließen und meditieren. In diesem Fall entsteht nicht einmal ein zusätzlicher Zeitaufwand. Schließlich befindet man sich ja bereits in einem entspannten Zustand. Auch hier reichen drei bis vier Minuten.

Vergisst man, im Bett oder unter der Dusche zu meditieren, so kann man es kurz in der Tram, im Bus, Zug, Taxi oder im »Notfall« sogar auf dem Örtchen nachholen!

Während des Tages kann man ebenfalls immer wieder kurz meditieren, um sich zu reinigen. Fühlt man sich gestresst, unruhig oder, um einen hygienischen Begriff zu benutzen, energetisch unsauber, so kann man gegebenenfalls am Arbeitsplatz eine bis zwei Minuten die Augen schließen, um sich zu entspannen und zu reinigen. Oder man geht kurz raus und macht eine Meditation.

Eine Kundin, die öfter Kurse bei mir besucht hatte, erzählte bei einem Seminar, dass sie sich manchmal in einer Geschäftsbesprechung damit entschuldigt, dass sie aufs Klo muss. Dort setzt sie sich hin, schließt die Augen und macht die innere Reinigung. Eine gute Möglichkeit, sogar unter Druck kurz zu entspannen! Sie erzählte, dass diese kurzen Reinigungen ihr helfen, sich wieder besser zu fühlen. Es muss nicht erwähnt werden, dass sie somit wieder einsatzfähiger wird und besser weiterarbeiten kann. Nicht nur ihr ist geholfen, sondern auch ihren Vorgesetzten und der Arbeit, weil die Aufmerksamkeit wieder präziser wird.

Ich möchte dem Leser an diesem Punkt eine kurze Reinigungsmeditation mit auf den Weg geben.

**Setzen Sie sich** für einen Moment ruhig hin. Egal ob auf einem Stuhl, Sofa oder der Kloschüssel. Schließen Sie Ihre Augen und entspannen Sie sich.

**Atmen Sie** drei- bis viermal tief ein und aus, und entspannen Sie Ihre Schultern, Arme und Hände.

**Visualisieren Sie**, wie eine gelbe oder goldene Lichtdusche über Ihre Aura fällt und sie reinigt.

**Sie können sich vorstellen**, wie diese Dusche ganz konkrete Stressfaktoren aus Ihrer Aura spült. Wurden Sie von einer Person verbal angegriffen und verletzt, so stellen Sie sich vor, wie die Wut, die in Ihnen steckt, ebenfalls abgewaschen wird.

**Gereinigt** und gleichzeitig distanziert zum Thema, können Sie wieder Ihre Augen öffnen.

**Atmen Sie** jetzt mit offenen Augen drei oder vier weitere Male tief durch und bleiben Sie entspannt.

**Erheben Sie sich** dann und machen mit Ihrem Alltag weiter. Führen Sie diese Reinigungsmeditation effizient durch, so dauert sie nicht länger als zwei Minuten!

Der nächste wichtige Kraftort für den Körper ist das eigene Zuhause. Physische Ordnung und Sauberkeit ist hier ein sehr wichtiger Faktor, um diesen Tempel rein zu halten.

Neben dieser Sauberkeit ist es empfehlenswert, immer wieder spirituelle Reinigungen zu machen. In etlichen Kulturen gehören diese Reinigungen ebenso wie die physische zum Alltag. Es gibt viele Rituale mit den verschiedensten Hilfsmitteln, um eine energetische Raumreinigung durchzuführen.

In mitteleuropäischen Kulturen kennt man dafür heute noch den Weihrauch. Im Fernen Osten zünden Praktizierende Räucherstäbchen an, im Nahen Osten und Nordafrika gibt es ganze Wachs- und Kräutermischungen für Reinigungen. In Südamerika wird viel das Holz »palo santo« eingesetzt, um nur eines der Reinigungsmittel zwischen Mexiko und dem Süden Argentiniens zu nennen.

In Europa kannte man in vorchristlichen Kulturen ebenfalls verschiedenste Reinigungsmittel. So diente unter anderem die Distel dazu, negative Kräfte fernzuhalten, um das Heim zu schützen.

Die Lehre des Feng-Shui hat das Ziel, eine Harmonisierung des Menschen mit seiner Umgebung zu erreichen. Durch besondere Gestaltung der Lebensräume soll Harmonie und energetische Sauberkeit erreicht werden. Der ursprüngliche Begriff ist Kan Yu, eine Kurzform für den Begriff »den Himmel und die Erde beobachten«.

Nicht nur Raumenergien sollten mit Feng-Shui gereinigt werden, sondern auch die Geister der verschiedenen Elemente befriedigt.

Es gibt viele Möglichkeiten, die privaten und beruflichen Räume mit Feng-Shui zu gestalten. Neben dem traditionellen Feng-Shui gibt es viele individuelle, intuitive Feng-Shuis. Diese benötigen nur wenig technische Grunderfahrung, viel wichtiger ist hier eine gesunde Intuition.

Möchte man seine Räume säubern und sauber halten, so ist es empfehlenswert, in den verschiedenen Räumen zu meditieren. In den Meditationen versucht man zu spüren, was in den Räumen fehlen könnte, um die Harmonie herzustellen.

Komme ich in ein Haus, so sehe ich sehr schnell, ob der Bewohner seine Räumlichkeiten sauber hält oder nicht.

Von Kunden werde ich immer wieder gebeten, Räume oder ganze Häuser zu reinigen und bei der Einrichtung zu helfen. Dem interessierten Kunden erkläre ich von Anfang an, dass ich nicht mit dem ursprünglichen Feng-Shui arbeite, sondern ein eigenes, intuitives Feng-Shui einsetze. Ich sehe mir dafür die Aura meines Klienten an, schaue mich in den Räumen um und kombiniere daraus die bestmögliche Ein- oder Ausrichtung der Raumgestaltung.

Wie schon erwähnt, kann jedermann seine eigenen Räume intuitiv gestalten.

Macht man diese Arbeit selbst, ist der finanzielle Aufwand sehr bescheiden. Mit Bildern, Tüchern, Pflanzen, Möbeln und Teppichen kann man ohne Probleme gemütliche und energetisch saubere Räume einrichten.

Sind die Räume harmonisch gestaltet und ausgerichtet, so ist es wichtig, diese von Zeit zu Zeit wieder zu reinigen. Vielleicht kann man sogar im gleichen Rhythmus, wie die Zimmer physisch gereinigt werden, spirituelle Reinigungen vornehmen.

Diese können jedoch nicht gleichzeitig zur physischen Reinigung gemacht werden. Trotzdem ist der Zeitaufwand auch hier bescheiden. Reinigt man die Räumlichkeiten regelmäßig spirituell, so sind fünf Minuten für ein durchschnittliches Zimmer genug.

Nach einer Reinigung ist es empfehlenswert, die Fenster und Türen für einige Minuten offen zu lassen, um die Räume zu durchlüften.

Dem sehr sensiblen Leser würde ich empfehlen, einen Raum einzurichten, der einem Tempel gleichkommt und der nur sehr wenig oder gar nicht von fremden Personen aufgesucht wird. Dieser Raum kann als Rückzugsort wichtig sein.

Jeden Tag frische Luft, wenn möglich umgeben von unberührter Natur, ist Balsam für die Seele. Ist das nicht möglich, ist es ohne Zweifel besser, in einem Stadtpark zu spazieren als überhaupt nicht in der freien Natur.

Und dann gibt es noch Plätze, die speziell sehr kraftgeladen sind für Leib und Seele. Viele solcher Orte sind schon seit Urzeiten mit Heiligtümern überbaut worden. Feinfühlige Menschen wie Schamanen, Priester, Medizinmänner oder Druiden haben schon früh diese Orte ausfindig gemacht und für Rituale oder als Rückzugsorte eingerichtet. Es wurden Tempel gebaut, um an bestimmten Tagen Zeremonien durchzuführen. Solche Orte kennt man heute allgemein als Kraftorte.

Einige sind von weltbekannter Berühmtheit, wie zum Beispiel Stonehenge in England, Lourdes in Frankreich, Machu Picchu und der Titicacasee in den Anden Perus und Boliviens, Jerusalem, die Blaue Moschee in Istanbul, das Orakel von Delphi, Bali, der Fudschijama in Japan oder der Kilimandscharo in Afrika. Aber auch regional gibt es weltweit unzählige Kraftorte mit den unterschiedlichsten Energien.

Ich habe weltweit viele solcher Plätze besucht. Interessanterweise findet man auf den meisten dieser Plätze religiöse Überreste mehrerer Kulturen. Oft hatten zu antiker Zeit oder noch älter damals bestehende Kulturen bereits ihre Heiligtümer auf diesen Plätzen. Wurden die ersten Kulturen erobert oder starben anderweitig aus, so kam die nächste Kultur und baute einen neuen Tempel.

In Bolivien oder Peru zum Beispiel findet man an Kraftorten oft Überreste von Tempeln aus Kulturen vor den Inkas, darüber Inkaruinen und wieder auf diesen steht heute eine Kirche.

Im Nahen Osten finden sich in Syrien, dem Libanon oder Israel Tempelstätten mit Überresten aus damals existierenden Urkulturen, danach christliche oder moslemische oder jüdische Kulturen, die sich, je nachdem wer gerade über das Land herrschte, einen neuen Tempel hinstellten. Manchmal wurde sich nicht einmal die Mühe gemacht, die Tempel erst niederzureißen, sondern das Kreuz wurde einfach durch den Halbmond oder den Davidstern ersetzt. Nicht selten wechselte sich mit den Jahrhunderten und Kriegen das religiöse Symbol ab.

Unabhängig davon, welches Banner über dem Tempel wehte und welche Götter oder Schriftzeichen verehrt wurden, die Energie blieb bestehen.

Kommt der Suchende an einen Kraftort, so spürt er normalerweise ohne große Schwierigkeiten die Energien. Für die Seele und die Aura sind solche Orte, was der Kurort für den Körper ist.

Immer öfter findet man heute auch Kurorte und Wellnesshotels in der Nähe solcher Kraftorte. In so einem Fall kommen Aura und Körper gleichzeitig in den Genuss der Heilung.

Komme ich an einen Kraftort, so bereite ich mich bereits auf der Hinreise darauf vor. Ich informiere mich über den Ort, um zu wissen, was mich erwartet. Vor Ort sehe ich mir neben den physischen Schönheiten auch die Energiefelder an. Was die Chakras in der menschlichen Aura sind, wären Kraftorte in der Aura der Erde.

Wie wir Menschen, so hat auch die Erde eine Aura, auch morphisches Feld genannt. Als morphisches oder ursprünglich morphogenetisches Feld bezeichnete der britische Biologe Rupert Sheldrake ein hypothetisches Feld. Dieses soll als »formbildende Verursachung« für die Entwicklung von Strukturen verantwortlich sein. Bereits in vielen Experimenten wurde versucht, dieses Feld zu beweisen. Während viele Naturwissenschaftler diese Hypothese als pseudowissenschaftlich ablehnen, gibt es inzwischen immer mehr, die sie ernsthaft diskutieren. Nicht, dass wir von der Meinung verschiedener Wissenschaftler abhängig wären, dennoch ist es interessant, zu beobachten, wie die Wissenschaft über komplizierte und meist hochteure Untersuchungen zu Schlüssen kommt, die eigentlich gar nicht neu sind.

Durch das Einklinken in die Energie eines Kraftortes kann der Empfänger das Urwissen des Ortes anzapfen und sogar verstehen.

Nach meinen ersten Eindrücken an einem Kraftort suche ich nach Geistwesen, die zum Ort gehören. Obwohl für das menschliche Auge nicht sichtbar, wimmelt es an diesen Orten geradezu von Wesen, Geistern und Energiespiralen.

Interessanterweise können diese Wesen einem konkrete Hinweise zu den Orten geben, nicht nur bezogen auf die Energien des Platzes, sondern auch zu historischen Fakten. Viele dieser Wesen sind bereits seit Jahrtausenden an diesen Orten und haben die Geschichte vor Ort miterlebt.

Meditationen gerade an solchen Orten sind immer sehr kraftvoll und inspirierend. Was ein Louvre oder MoMA dem Kunstliebhaber, Künstler oder Galerist bedeutet, ist der Kraftort für den medial veranlagten Menschen.

An Kraftorten komme ich in Ekstase, sehe ich ein Farbenmeer in ständiger Bewegung, spüre ich Wesen unterschiedlichster Herkünfte und fließen Energien, wie sie nur an diesen Orten spürbar sind.

Spaziere ich durch ein Kunstmuseum oder eine Galerie passiert mir etwas sehr Ähnliches. Neben den visuellen Eindrücken spüre ich die Emotionen in den Kunstwerken, erlebe ich den Künstler in den Momenten des Erschaffens seiner Lebenswerke. Nicht selten sprechen die Bilder oder Skulpturen zu mir. Natürlich handelt es sich dabei nicht um eine Fachdiskussion, vielmehr ist es ein Empfangen von Gefühlen und Visionen, die mit dem Kunstwerk zusammenhängen. Genauso, wie ich auch mit der Aura eines Kunden »spreche«, um die Person lesen zu können.

An Kraftorten sehe ich mir Opfersteine an, wandle durch Tempelhallen, atme die Aura der umherstehenden oder liegenden Kulturen ein, um deren Hintergrund zu spüren, oder setze ich mich auf den Boden, um medial-intuitiv visuelle Eindrücke, die mit dem Ort zusammenhängen, durch mich hindurchfließen zu lassen.

Manchmal reisen wir in kleinen Gruppen zu diesen Orten, um gemeinsame Meditationen zu machen. Ich habe auch schon während Seminaren mit Gruppen Kraftorte besucht, um die Teilnehmer an diesen Erfahrungen teilhaben zu lassen.

Es gibt, soweit mir bekannt ist, fast in jeder Gegend zumindest einen kleinen Kraftort. Oft findet man Quellen an den Orten. Alte, kleine Kapellen stehen ebenfalls meistens an energetisch starken Plätzen.

Im Internet gibt es unzählige Webseiten zu Kraftorten und spezialisierte Reiseagenturen bieten Erlebnisreisen an diese Orte an. Dem Suchenden bieten sich so unzählige Möglichkeiten, um Kraftorte aufzusuchen.

An Leib und Seele zufrieden, verlasse ich den Energieort und nehme mir dann immer noch etwas Zeit, um das Erlebte nachwirken zu lassen. Befindet man sich nicht im Urlaub und muss zurück in den Alltag, so würde ich auf jeden Fall empfehlen, ungefähr zwei oder drei Stunden nach dem Besuch ruhig und entspannt zu bleiben und nicht an einen Ort mit zu vielen Leuten zu gehen.

Nicht nur, dass die Aura bei diesen Besuchen gereinigt wird, automatisch wird man sensibler und offener, auch für schwere Energien und Emotionen. Mischt man sich direkt nach dem Besuch eines Kraftortes unter Menschen, besteht die Gefahr, dass man zu vieles aufnimmt und somit der gewünschte Effekt nicht nur zerstört, sondern das eigene Aurafeld wieder verunreinigt wird.

Kraftorte gibt es viele. Der stärkste und wichtigste ist in der eigenen Seele. Kein noch so starker, externer Kraftort kann ohne gesunde Seele die Aura, die Chakras und den Geist reinigen.

Ein kurzer Blick in die eigene Seele zeigt umgehend, wie gut man in sich ruht und ausgerichtet ist.

# Kraftort: Machu Picchu

Es gibt vermutlich nur wenige Orte, die dem spirituell offenen Menschen so bekannt sind wie Machu Picchu in Peru.

In der Chakra-Theorie spricht man von den Erden-Chakras. Diese sind über den Globus verteilt und sind ähnlich den Chakras im Menschen Kraftorte mit bestimmten Energien.

Eines dieser Chakras ist der Titicacasee im Hochland der Anden, er liegt im Grenzgebiet zwischen Peru und Bolivien. Mit einer Fläche von 8288 Quadratkilometern ist er Südamerikas zweitgrößter See.

Als Epizentrum des Erden-Chakras strahlt der See seine Kräfte in die Umgebung aus, woraus sich auch erklären ließe, warum so viele magische Orte in dieser Umgebung zu finden sind. Tiwanacu, Samaipata, die Nazca-Linien und natürlich Machu Picchu sind nur die wichtigsten davon.

Mein erster Besuch in dieser kraftvollen Umgebung fand 1992 statt. Damals reiste ich durch Südamerika, um Spanisch zu lernen und den Kontinent, der mich faszinierte, kennenzulernen. Meine Abreise von Lima nach Cusco war übereilt und für mich über Jahre hinweg traumatisierend.

Lima genießend besuchte ich die vielen Sehenswürdigkeiten der Stadt und genoss das einmalige Essen. Lima ist in ganz Südamerika für seine Küche bekannt. Weltberühmt ist vor allem Ceviche, von dem behauptet wird, das beste gäbe es nur in Lima.

Wie so oft war ich in Lima wieder einmal im Kriegsgebiet gelandet. Der Leuchtende Pfad verübte im ganzen Land Anschläge aus Vergeltung für die Verhaftung ihres Anführers, des Philosophieprofessors Abimael Guzmán. Die Stadt glich einer großen Kaserne, überall standen Panzer, Militärfahrzeuge und patrouillierte schwer bewaffnete Militärpolizei. Ich wurde Zeuge von Schießereien und musste mich zu Boden werfen, als ich mich plötzlich in einer Straße befand, in der von zwei Seiten geschossen wurde.

Ich las von Bomben, die in öffentlichen Mülleimern versteckt waren, um unschuldige Menschen in den Tod zu reißen. Das gab mir und meinen Bekannten, die ich dort kennenlernte, das Gefühl, bei jedem Spaziergang russisches Roulette zu spielen.

Der einzige Ort, an dem ich mich wirklich sicher fühlte, waren Kirchen. Es hieß, dass die Rebellen heilige Orte nicht angreifen würden. Kirchen bekamen für mich dank diesem Besuch eine neue Bedeutung.

Mein eigentliches Verhängnis damals waren keine Guerillas, sondern korrupte Polizisten! Ich beging den Fehler, einem Einheimischen zu vertrauen, der sich mir als Führer anbot. Wir schlenderten durch die Straßen, um, so wurde mir gesagt, ein Museum zu besuchen. Plötzlich blieb eine Person vor meinem vermeintlichen Touristenführer stehen und sprach mit ihm. Ich ging davon aus, dass dies ein Bekannter von ihm wäre. Die zwei drehten sich zu mir um, während der mir Fremde ein kleines Plastiksäcklein mit, wie ich erst später sah, einem weißen Pulver aus seiner Tasche zog.

Dann traten sie auf mich zu und gaben sich als Polizisten in Zivil zu erkennen. Mein »Führer« gab mir zu verstehen, dass in dem Säcklein Kokain wäre und die zwei die Drogen bei mir gefunden hätten. Ich hatte schon sehr viel über die zweitkorruptesten Polizisten (die korruptesten sollen in Paraguay sein) gehört und mir war sofort klar, dass das kein schlechter Scherz war.

Meine neuen »Bekannten« erklärten in grobem Ton, dass ich mich für tausend Amerikanische Dollar freikaufen könnte. Umgehend gab ich zu verstehen, dass ich auf keinen Fall bezahlen würde. Meine mutige Antwort hatte zur Folge, dass ich mich in einem wie aus dem nichts aufgetauchten Taxi wiederfand und von links und rechts auf mich eingeschlagen wurde. Nach den ersten Schlägen gab es eine Pause. Der eine Polizist sah mich scharf an und drohte, mich auf den nächsten Posten mitzunehmen. Sie seien zu zweit und würden mich ohne Skrupel einsperren. Drogenbesitz und -konsum würde in Peru sehr hart bestraft.

Ich war mir meiner Lage bewusst und beschloss, das Spiel mitzumachen. Zumindest für den Moment. Ich gab klein bei und versprach, das Geld zu besorgen. Ich teilte den Polizisten mit, dass ich am nächsten Tag das Geld haben könne. Vermutlich nur, um mir den Ernst der Lage erneut vor Augen zu führen, hagelte es plötzlich wieder Schläge.

Dann wurde ich aus dem Taxi geworfen, das daraufhin mit den beiden Polizisten davonfuhr. Auf solche Fälle vorbereitet, holte ich aus meiner Brieftasche die Telefonnummer der Schweizer Botschaft und rief diese an. Meine Situation beschreibend, wurde ich aufgefordert, die Botschaft zu besuchen.

Der zuständige Beamte war sehr freundlich und überhaupt nicht überrascht. Solche Vorkommen seien in Lima alltäglich und das Beste wäre, wenn ich das Land verlassen

würde. Der Diplomat gab mir zum Abschied eine Notfall-
nummer.

Am nächsten Tag ging ich zum Kreditkartenbüro, um
meine Schecks einzulösen und abzureisen. Die Polizisten
mussten mir gefolgt sein. Einer von ihnen tauchte plötzlich
im Büro auf und wollte wissen, was ich dort machen würde.
Schnell gab ich zur Antwort, dass ich auf sein Geld warten
würde. Beruhigt setzte er sich neben mich und wartete.

Eine neue Strategie musste entworfen werden. Mit dem
Vorwand, dass ich aufs Klo müsse, stand ich auf und ent-
fernte mich von dem Polizisten. Als er mich nicht mehr sehen konnte, ging ich auf einen der Angestellten zu und sagte ihm, dass ich unbedingt meine Botschaft anrufen müsse.
Dem Diplomaten teilte ich mit, wo ich sei und was passiert
wäre. Jetzt, so sagte er, solle ich Zeit gewinnen und auf ihn
warten.

Zurück beim Polizisten meinte ich, dass wir auf das
Geld warten müssten. Es dauerte keine zwanzig Minuten,
dann parkte ein schwarzes Auto mit Botschaftsnummer
vor dem Geschäft. Zwei Sicherheitsbeamte der Botschaft
und der Diplomat stiegen aus. Mein Polizist sah mich wut-
entbrannt an und verschwand so plötzlich, wie er aufgetaucht war.

Mit der Botschaftslimousine fuhren wir zu meinem
Hotel und holten meine Sachen. Die Botschaft brachte
mich in einem anderen Hotel unter und half mir mit einem
Ticket. Einen internationalen Flug konnte ich nicht mehr
nehmen. Mein Name konnte bereits registriert sein. Der
Diplomat erklärte mir, dass ich nach Cusco fliegen und
über den Landweg nach Bolivien gehen sollte. Die Grenz-
wachen am Titicacasee seien technisch sehr veraltet und

die Computersysteme dort würden sehr schlecht funktionieren.

So kam es, dass ich aus Lima fliehen musste und Cusco zum ersten Mal betrat.

Trotz meines Abenteuers in Lima blieb ich mehrere Tage in Cusco und suchte nach Möglichkeiten, um Machu Picchu zu besuchen. Ich wusste von den Kräften dieses Ortes und wollte mir die Möglichkeit, in den Ruinen zu meditieren, auf keinen Fall entgehen lassen!

Ich schloss mich einer kleinen Gruppe von Touristen in meinem Alter an. Mich mehr von meiner Abenteuerlust als von meinem Instinkt leitend, den langen und fast unerschlossenen Inkaweg zu gehen wurde, ohne es zu ahnen, fast ein größeres Abenteuer als meine Erfahrung in Lima!

Wir vertrauten einem Kanadier, der von sich behauptete, er sei ein erfahrener Wanderer. Die Wanderung hätte fünf Tage dauern sollen. Am dritten Tag stellte sich heraus, dass der Kanadier keine Ahnung von Wanderführungen hatte und seine Karten veraltet und nutzlos waren. Am Ende des fünften Tages hatten wir keine Nahrung mehr, befanden uns mitten in den Bergen und hatten keine Ahnung, wo wir eigentlich waren. Wir meuterten und entzogen dem Kanadier die Führung. Ganze drei Tage irrten wir dann noch durch die Berge, wurden von wütenden Indios angegriffen, mussten fliehen und über einen verschneiten Pass wandern, tranken Wasser, in dem wir später verweste Schafe fanden, und ernährten uns nur noch von Kokablätter, bis wir endlich wieder auf dem richtigen Weg waren. Am achten Morgen kamen wir in Machu Picchu an. Hungrig, total übermüdet und bis auf die Unterwäsche verschmutzt, blieben wir nur ganz kurz in den Tempelruinen. Keiner von uns hatte die geringste Lust, auch nur eine Minute länger über alte Tempel zu wandern.

Wir nahmen am Ausgang der Ruinen einen Bus nach Aguas Calientes, einem Ort unterhalb von Machu Picchu, und besuchten dort die Thermalbäder. Wir wuschen uns, aßen kräftig und fühlten uns endlich wieder wie zivilisierte Menschen.

Kurz vor der Jahrtausendwende bot sich mir eine neue Möglichkeit, wieder in das Energiefeld des Erdchakras zu kommen. Mit einer Gruppe von Freunden besuchten wir Tiawanacu, einen der kleineren Kraftorte zwischen La Paz und dem Titicacasee. Die Ortschaft mit den Ruinen liegt auf 3860 Meter über dem Meer.

Die Ruinen zählen zu den wichtigsten archäologischen Stätten in Bolivien. Seit 2000 gehören sie zum Weltkulturerbe der UNESCO. Der Begriff bedeutet sinngemäß »Setz dich nieder, kleines Lama«. Das historische Tiwanacu war das religiöse und administrative Zentrum der damaligen Aymaras. Die ersten Siedlungen sind aus dem 15. Jahrhundert vor Christus. Ansässig waren diese Kulturen bis 1200 nach Christus. Seinen Höhepunkt erreichte die Kultur zwischen 600 bis 900 nach Christus.

Zur Sonnenwende im Juli besuchten wir die Ruinen. Jedes Jahr feiern die einheimischen Indianer Rituale um die berühmte »Puerta del Sol«. Tausende von Menschen aus der ganzen Welt reisen für diese mystischen Momente an.

Wir übernachteten in Zelten und standen am nächsten Morgen sehr früh auf, um die eindrücklichen Geschehnisse mitzuerleben. Schamanen führten ihre Rituale durch, Indianer tanzten zur Musik, um sich mit ihren Götter in Verbindung zu setzen. Während der Rituale meditierte ich und konzentrierte mich auf die Auren der heiligen Männer.

Es war für mich doppelt spannend, diese Momente zu erleben. Zum einen, um die jahrhundertealten Rituale zu beobachten, und zum anderen, um die Energien, die freigesetzt werden, in mich einzusaugen.

Die eher etwas traurige Nebenerscheinung ist der übermäßige Alkoholkonsum vieler der anwesenden Indianer, aber auch der Ausländer. Abseits der magischen Rituale erinnerten die Bilder stark an das größte Volksfest der Welt, das Oktoberfest in München auf der Theresienwiese.

Im Jahr 2001 besuchten mich meine Mutter und mein Stiefvater Rolf für einen Monat. Ihnen Land und Leute zeigend, zogen wir mit dem Rucksack durch Bolivien und den Südosten Perus. Wenige Tage vor Weihnachten erreichten wir Cusco und bereiteten uns auf Machu Picchu vor.

Machu Picchu bedeutet auf Deutsch so viel wie »alter Gipfel« und ist eine sehr gut erhaltene Ruinenstadt. Die Inkas erbauten die Stadt im 15. Jahrhundert. Sie befindet sich auf 2360 Meter über dem Meer. Die Ruinen liegen zwischen dem Gipfel des Huayna Picchu und des Berges, der ebenfalls den Namen Machu Picchu trägt. Die Ruinen stehen 75 Kilometer nordwestlich von Cusco. Früher war Machu Picchu durch Inkapfade bis nach Cusco verbunden.

Meine Mutter und Rolf meditierten sehr gern und freuten sich, wie ich, auf das, was uns erwarten würde.

In Cusco organisierten wir einen Führer und schlossen uns einem schwedischen Pärchen an. Unsere kleine Gruppe bestieg den Zug in Cusco und fuhr bis zum 88. Kilometer. Von dort aus ging es zu Fuß weiter. Seit meinem letzten Besuch in Cusco hatte sich viel verändert. Der Krieg war vorüber, die Tourismusbranche boomte. Mit gemischten Gefühlen nahm ich diese Veränderung wahr. Ich fand es schön, dass jetzt neben einigen wenigen verrückten Abenteurern auch »normale« Menschen sicher durch Peru reisen konnten. Auf der anderen Seite stört der Massentourismus die mystische Einsamkeit.

Unsere Führerin war eine junge Studentin. Gleich zu Beginn unserer Wanderung, die zwei Tage dauern sollte, hatte ich die Idee, mich vorher zu informieren, wann und wo ungefähr Ruinen zu erwarten seien. Ich wollte mich immer zuerst und allein in die Ruinen begeben, um nach Geistwesen Ausschau zu halten. Meine Erwartung war, dass die Wesen mir Einzelheiten verraten könnten, die sich später durch die Führung bestätigen ließen. Ich wollte mich somit selbst testen.

An jedem der Orte fand ich tatsächlich Geistwesen. Es handelte sich dabei immer um die Seelen verstorbener Indios. Die meisten von ihnen waren seit geraumer Zeit tot. Es fiel mir auf, dass es überall sehr viele Wesen gab. Das erstaunte mich, ging ich doch bis dahin davon aus, dass nur verirrte Seelen an Orten hängen blieben. Den wirklichen Grund dafür erfuhr ich erst später, bei der Führung durch die Ruinen von Machu Picchu.

Plötzlich genoss ich diese solide geführte Wanderung. Ohne Angst vor Guerillas, erbosten Indianern und unzurechnungsfähigen Rucksackreisenden konnte ich mich ganz auf meine mystischen Erfahrungen konzentrieren.

Die Wesen erklärten mir, wie sie lebten, und teilweise sogar, was wo früher gemacht wurde. Diese Erklärungen deckten sich zum größten Teil mit dem, was uns unsere Führerin erzählte.

Wir wanderten Hügel hoch und runter, bestaunten Orchideen, Wasserfälle und dschungelartige Wälder. Am letzten Abend übernachteten wir in einem Hotel und bereiteten uns auf den großen Tag vor. Kurz vor vier Uhr mussten wir aufstehen. Vor Machu Picchu steht das berühmte Sonnentor. Dort wollten wir, und natürlich auch alle anderen Touristen, uns zum Sonnenaufgang einfinden. Voller Erwartungen standen wir verschlafen auf, kleideten uns an und wanderten dem Tor entgegen. Zur Enttäuschung aller Anwesenden war es an diesem Morgen bewölkt. Die Sonne mussten wir uns in unserer Fantasie vorstellen. Leicht enttäuscht wanderten wir weiter zu den Ruinen von Machu Picchu.

Unsere Führerin übergab uns hier einem anderen Führer. Sehr schnell wurde mir klar, dass dieser mehr wusste. Nicht nur, weil er älter war, sondern auch wegen seiner Ausstrahlung.

Nach der obligatorischen Führung löste sich die Gruppe auf. Die Touristen waren sich selber überlassen. Ich packte die Gelegenheit, ging auf den Führer zu und fing an, ihm die Fragen zu stellen, die mir im Gespräch mit den Geistern eingefallen waren. Unter anderem wollte ich wissen, warum überall so viele Verstorbene an diesem Ort anwesend waren.

Plötzlich wechselte der Mann seine Stimme und öffnete sich uns. Er sei, so erzählte er, ein Schamane der Indianer. Noch heute würden sie Rituale durchführen, auch auf Machu Picchu. Zufälligerweise fände gerade in der kommenden Woche ein wichtiges Ritual statt, bei dem die anwesenden Schamanen Engelstrompete (*Brugmansia*) konsumieren würden. Die Engelstrompete ist eine Pflanze aus der Familie der Nachtschattengewächse. Sie gilt als giftig, führt jedoch bei dosierter Menge zu psychedelischen Erfahrungen.

Ich hatte schon meine Erfahrungen mit Engelstrompeten gesammelt und auf jeder Reise sehr eindrückliche Erlebnisse machen dürfen. Mir war bereits bei der Führung in Machu Picchu aufgefallen, dass viele Engelstrompetenbäume herumstanden. Ich sprach den Schamanen darauf an, woraufhin dieser nur schelmisch lächelte.

Bei einem späteren Besuch in Copacabana am Titicacasee fand ich übrigens auf dem Tor der Kathedrale Holzschnitzereien mit Engelstrompeten als Heiligenscheine. Der interessierte Leser kann sich davon überzeugen, sollte er eines Tages den See besuchen.

Der Schamane fragte mich, wie ich überhaupt auf die Idee käme, dass so viele Seelen in den Ruinen seien. Ich erzählte ihm von meiner Veranlagung. Wieder lächelte er mich an und gab mir die Hand. Ich sei herzlich zu dem Ritual eingeladen, ließ er mich umgehend wissen. Beeindruckt sah ich ihm in die Augen und sah dann zu meiner Mutter und Rolf. Mich für die Einladung bedankend, musste ich leider ablehnen. Wir hatten bereits das Zugticket zurück nach Bolivien.

Für die Inkas, so erklärte mir nun der Schamane, sei es anders als für uns. Nach dem Verlassen des Körpers würden sie sehr oft freiwillig vor Ort bleiben, um diesen zu schützen. So erklärte sich, warum ich so viele anwesende Geister spürte.

Rolf tauschte mit dem Schamanen einen Anhänger aus. Sie umarmten sich und wir verabschiedeten uns. Tief beeindruckt gingen wir unseren Weg. Noch war der Besuch auf Machu Picchu nicht zu Ende. Ich war begeistert von den vielen Tempeln, kleineren und größeren Kraftorten, die überall verteilt waren, und den vielen Wesen, die herumspukten.

Hinter Machu Picchu findet sich ein hoher Hügel, der Huayna Picchu. In Quechua heißt das »junger Gipfel«. Dieser Gipfel kann in drei Abschnitte unterteilt werden. Der größte und unterste Abschnitt besteht aus dichtester Vegetation und Gestein. Der mittlere ist schroffes Felsgestein mit etwas Vegetation. Der obere Teil besteht fast nur aus Felsen. Auf der Spitze des Berges finden sich alte Anlagen. Auf dem Weg nach oben läuft man durch die Feldterrassen, die früher für die Landwirtschaft genutzt wurden.

Unterdessen war es kurz vor Mittag und heiß. Die ungefähr fünfundvierzigminütige Wanderung, um auf die Spitze zu gelangen, ist sehr anstrengend, aber auf jeden Fall lohnenswert.

Oben angekommen hatten wir eine unglaubliche Sicht auf Machu Picchu! Wir hatten das Gefühl, aus einem Märchenbuch entsprungen zu sein. Die 360-Grad-Sicht auf die Berge ist atemberaubend!

Wir entschlossen uns, vor Ort eine Meditation zu machen. Uns hinsetzend entspannten wir uns und schlossen die Augen. Ich führte die Meditation.

Sehr schnell verfiel ich in eine Art Trance. Ich sprach, hörte aber gar nicht richtig zu. Ich hatte das Gefühl, wie ein Adler über die Berge zu fliegen. Unter mir war das Grün des Dschungels, die kahlen Berge der Anden und über mir das unendliche Blau des Himmels! Auch hatte ich das Gefühl, Musik zu hören, und nahm die Umrisse von Gestalten war, die in den astralen Gefilden herumschwirrten.

Als ich die Augen öffnete, sah ich plötzlich weitere Menschen im Kreis sitzen. Sie hatten uns meditieren gesehen und sich spontan dazugesetzt. Meine Mutter, Rolf und ich waren uns einig, dass dies eine der intensivsten Meditationen war, die jeder von uns bis zu diesem Zeitpunkt gemacht hatte. Noch heute läuft es mir kalt den Rücken hinunter, denke ich an diesen Moment. Wir erlebten Magie an einem der kräftigsten und mystischsten Orte der Welt!

Es dauerte eine ganze Weile, bis wir uns in der Verfassung fühlten, den steilen Weg nach unten anzutreten.

Es ist kein Wunder, dass sich viele der Kraftorte dieser Welt in den Bergen befinden, egal ob in den Anden, im Himalaja oder in den Alpen. Weit weg von der menschlichen Zivilisation, nahe des Himmels und durch die gewaltigen Bergmassive immer wieder auf sich zurückgeworfen.

Mit dem Bus fuhren wir abends talwärts nach Aguas Calientes. Erinnerungen an meine vorherigen Besuche kamen in mir hoch. Keine der beiden Reisen möchte ich missen. So unterschiedlich sie auch waren, lehrreich waren sie beide ohne Zweifel.

Mein letzter Besuch auf den Höhen des Machu Picchus war im Juli 2011. Wieder unter ganz anderen Umständen, wieder sehr einzigartig. Ein Jahr nach unserer Hochzeit fuhren meine Frau und ich auf Hochzeitsreise. Fünf Monate reisten wir von Argentinien bis nach Kolumbien.

In Argentinien, Uruguay und Bolivien hielt ich Vorträge und Seminare. Von La Paz aus besuchten wir Tiahuanaco, fuhren zum Titicacasee, übernachteten in Copacabana und besuchten die Isla del Sol.

Den See hinter uns lassend, überquerten wir die Grenze nach Peru. Wir hatten Glück! Wir reisten, ich würde sagen sehr instinktiv, genau an jenem Tag, an dem die Einheimischen öffentliche Transportmittel durchfahren ließen. Seit Wochen herrschte um den See Ausnahmezustand. Die Grenze war größtenteils geschlossen, immer wieder gab es bei Auseinandersetzungen Tote und Verletzte.

Die Lage war leicht bedrohlich, als wir mit dem Bus durch die Reihen der mit Steinen und Stöcken bewaffneten Indios fuhren. Den Hass in ihren Augen konnten auch nicht intuitiv veranlagte Menschen ohne Weiteres spüren.

In Cusco angekommen, stellten wir zu unserer Freude fest, dass das Sonnenfest Inti Raymi (Quechua für Inti »Sonne«, Raymi »Fest«) anstand. Das Fest ist eine religiöse Zeremonie der Inkas. Sie zelebrieren dabei die Sonne. Wie bereits vor Jahren in Tiahuanaco war ich auch hier wieder zum Fest der Sonnenwende, gewöhnlich am 21. Juni, vor Ort.

Auf dem Waqayapata Plaz (Platz der Tränen) findet das Spektakel statt. In der Inkazeit sollte das Fest das wichtigste für die Inkas gewesen sein. In Tänzen und Prozessionen geben die Inkas ihren mystischen Ursprung wieder. Die Feierlichkeiten dauerten neun Tage, gebetet wird für gute Ernte, Tiere wurden geopfert und es wird viel gegessen und getrunken. Das letzte echte Inti Raymi fand 1535 statt. Die Spanier verboten anschließend das Fest.

Seit 1944 findet das Fest wieder offiziell, hauptsächlich für Touristen organisiert, statt. Wir waren sehr beeindruckt von den Kostümen, den Tänzen und der Musik. Gleichzeitig um Inti Raymi feierte Cusco als Stadt sein hundertjähriges Jubiläum. Fast zwei Wochen wurde gefeiert, gab es Konzerte, Lichtshows auf der Kathedrale, gigantische Umzüge der Einheimischen und nachts überall Partys mit viel Musik und Tanz.

Zwischen den Feiertagen fuhren wir mit dem Zug nach Machu Picchu. Gemütlich und sehr komfortabel reisten wir erster Klasse bis nach Aguas Calientes und nahmen dort den Bus zu den Ruinen hoch.

In der Ruinenstadt schlossen wir uns einer Führung an. Während meine erste Führung 2001 mystischer Natur war, erlebte ich diesmal eine historische Erkundungsreise. Wir lernten viel über die Geschichte der Inkas und der Siedlung.

Nach Beendigung der Führung ließ meine Frau mich allein. Sie spürte, dass ich meditieren wollte. Während sie zum Ausgang spazierte, erkundete ich allein die Ruinen. Ich fand in den zwei Stunden mehrere Plätze, um zu meditieren.

Es ist unglaublich interessant, wie unterschiedlich die Erlebnisse an einem Ort sein können. Machu Picchu präsentierte sich mir bei jedem meiner Besuche von einer ganz neuen Seite. Jeder der Aspekte war einmalig und hat sich in nichts wiederholt.

Für mich sitzend überblickte ich die Ruinen und Berglandschaften vor mir. Ich fühlte mich irgendwie sehr vertraut an diesem Ort und war mir sehr sicher, dass ich bald wieder zu Besuch sein werde.

Im Herbst 2012 organisieren wir eine erste geführte Reise nach Mexiko. Ich werde viele Meditationen geben und bei den weltberühmten Mayaruinen von Palenque ein zweitägiges Seminar abhalten. Neben Meditationen werden wir Heiler besuchen, Höhlen, verschiedene Mayatempel, koloniale Städtchen, wunderbare Strände mit Tauchmöglichkeiten und einsame Nationalparks.

Ich hoffe, 2013 eine Gruppe nach Bolivien und Peru führen zu können. Die Mystik, Schönheit und Einmaligkeit des Kraftortes um den Titicacasee möchte ich mit anderen teilen.

Diese Gegend ist für mich eine zweite Heimat. Vierzehn Jahre habe ich in Südamerika gelebt, besitze Land in Bolivien und verbringe auch heute noch mehrere Monate im Jahr auf diesem einzigartigen Stück Erde unseres Planeten.

*Für Rolf, den wir alle sehr vermissen und mit vielen Erinnerungen weiterhin in uns tragen!*

# Momentos Misticos

Im Jahr 2004 fragte mich UNITEL in Bolivien, ob ich Interesse hätte, eine Fernsehsendung zu gestalten. Ähnlich wie in den USA strahlen die meisten Fernsehkanäle morgens ein Programm mit den verschiedensten Segmenten aus. Der Kanal wollte ein spirituelles Segment einbringen, suchte den dafür geeigneten Moderator und stieß auf mich.

Ich war von der Idee begeistert und sagte, ohne lange zu überlegen, zu. Nach kurzen Verhandlungen waren wir uns einig, unterschrieben den Vertrag und stellten das Konzept zusammen. Der Produzentin gab ich eine Liste mit den nötigen Utensilien, die ich für die Sendung benötigte. Der Name stand schnell fest: *Momentos Misticos* oder auf Deutsch mystische Momente.

Das Medium Fernsehen faszinierte mich. Ich hatte sehr schnell erkannt, wie ich mithilfe des Fernsehens den Menschen spirituelle Themen näherbringen könnte. Für mich war es damals wie heute sehr wichtig, gerade die verschiedenen Möglichkeiten der Kraft der Intuition zu zeigen.

Ich überlegte mir vorher genau, was ich in der Sendung zeigen wollte. Sehr wichtig war mir zu zeigen, dass Intuition und Medialität für jedermann erlernbar sei. Die Meditation ist in Südamerika noch nicht so stark verbreitet wie in Europa oder den USA. Also wollte ich verschiedene Meditationspraktiken anbieten. Ebenso gehörten natürlich theoretische Themen dazu. Hier konnte ich über Träume, Auren, Chakras oder die verschiedenen Hilfsmodule wie Karten oder Astrologie sprechen.

Das Publikum sollte die Möglichkeit haben, Fragen zu stellen. Ich nahm mir vor, jede Woche Anrufe entgegenzunehmen, um Hilfestellung geben zu können.

Die Tarotkarten sind für mich ein Hilfsmittel, um schnell intuitive Bilder zu erhalten. Zudem ist der Druck vor laufender Kamera größer als in einer Einzelsitzung. Die Karten sind für mich klar, sachlich und einfach zu interpretieren.

Die Möglichkeit, medial aktuelle Vorkommnisse zu analysieren, erschien mir sehr interessant. Wir drehten in Bolivien, strahlten aber in verschiedene Länder aus. Zudem war UNITEL via Satellit und Internet weltweit empfangbar. Bolivien war politisch das vermutlich instabilste Land in Südamerika, also bestens geeignet für politische oder wirtschaftliche Analysen.

Die Produzentin stand hundertprozentig hinter mir. Benötigte ich etwas, so musste ich nur anrufen und meine Wünsche vortragen. Kcamerateams und Reporter standen mir jederzeit zur Verfügung. Wollte ich irgendwo außerhalb etwas drehen, brauchte ich nur rechtzeitig Bescheid zu geben.

Ausgestrahlt wurde einmal pro Woche. Ich hatte knapp eine Stunde Sendezeit. Ich stellte meine Themen monatsweise zusammen. Kam unerwartet ein aktuelles Thema dazu, waren wir flexibel genug, das bestehende Programm anpassen zu können.

Obwohl das Budget im Vergleich zu Sendungen in Europa oder der USA sehr bescheiden war, konnten wir sehr Vieles und Interessantes produzieren. Und vom kreativen Standpunkt aus gesehen, waren die Produktionen in Bolivien jenen europäischer um Welten voraus.

Der Südamerikaner ist von Natur aus emotionaler als der Europäer. Zudem hat der Latino eine sehr mystische Ader, die den meisten Europäern vermutlich durch die Inquisition verloren ging.

Die Kirche benötigt heute keine Folterknechte und Söldnerbanden mehr, um ihren Krieg gegen das Mystische zu führen. Die rationelle und fast nur auf Logik ausgerichtete Erziehung übernimmt in modernen Zeiten diese Aufgabe.

In meinen Büchern *Intuition als Schlüssel deiner Seele* und *Hellsichtig* habe ich mehrere Fälle aus meinem TV-Programm vorgestellt. Wer sich Teile daraus ansehen möchte, findet verschiedene Ausschnitte auf YouTube oder auf meiner Webseite.

In Deutschland haben Freunde von mir, die ebenfalls im Fernsehbereich tätig sind, die bolivianischen Produktionen belächelt und fast mitleidig darüber geurteilt. Heute, nachdem ich Dreherfahrungen aus Bolivien und aus Deutschland habe, könnte ich jenen Kritikern mit Überzeugung sagen, dass die Produktion in Bolivien technisch bestimmt einfacher und billiger produziert wurde, dafür ist der kreative und inhaltliche Wert um einiges höher als in Deutschland!

Die technischen Vorteile im Bereich der Fernsehproduktion in den USA und Europa haben mich 2006 und 2007 angezogen. Ich wollte unbedingt die Erfahrung machen, in Europa Fernsehen zu machen. Heute, nachdem ich die Erfahrung hinter mir habe, muss ich sagen, dass sie es nicht wert war, dafür die Sendung in Bolivien aufzugeben.

Es gibt nur ganz wenig in meinem Leben, das ich heute anders machen würde. Ohne Zweifel ist das eine dieser Situationen, die ich anders machen würde. Ich hätte die Sendung nicht aufgeben sollen, ich hätte mich höchstens für eine begrenzte Zeit aus Bolivien zurückziehen sollen, mit dem Versprechen, dass ich bald wieder zurückkommen würde, um weiterzudrehen.

# Spiritualität und Religion

»Als Religion (lat: religio, wörtlich: ›die Rückbindung‹.
Auch zurückgeführt auf religere, ›immer wieder lesen‹, oder
religare, ›zurückbinden‹; frei übersetzt: ›wieder verbinden
[mit Gott]‹) bezeichnet man eine Vielzahl unterschiedlicher kultureller Phänomene, die menschliches Verhalten,
Handeln, Denken und Fühlen prägen und Wertvorstellungen normativ beeinflussen. Es gibt keine wissenschaftlich
allgemein anerkannte Definition des Begriffs Religion.
Religiöse Weltanschauungen und Sinngebungssysteme
stehen oft in langen Traditionen und beziehen sich zumeist
auf übernatürliche Vorstellungen. So gehen viele, aber nicht
alle Religionen von der Existenz eines oder mehrerer persönlicher oder unpersönlicher über-weltlicher Wesen (z. B.
einer oder mehrerer Gottheiten oder von Geistern) oder
Prinzipien (z. B. Dao, Dhamma) aus und machen Aussagen
über die Herkunft und Zukunft des Menschen, etwa über
das Nirvana oder Jenseits. Sehr viele Religionen weisen gemeinsame Elemente auf, wie die Kommunikation mit
transzendenten Wesen im Rahmen von Heilslehren, Sym-
bolsystemen, Kulten und Ritualen oder bauen aufeinander
auf, wie beispielsweise Judentum und Christentum.« (Wikipedia)
»Spiritualität (von lat. spiritus ›Geist, Hauch‹ bzw. spi-
ro ›ich atme‹ – wie altgr. ψύχω bzw. ψυχή, siehe Psyche) bedeutet im weitesten Sinne Geistigkeit und kann eine auf

Geistiges aller Art oder im engeren Sinn auf Geistliches in spezifisch religiösem Sinn ausgerichtete Haltung meinen. Spiritualität im spezifisch religiösen Sinn steht dann auch immer für die Vorstellung einer geistigen Verbindung zum Transzendenten, dem Jenseits oder der Unendlichkeit.

Nicht nur die konkreten Ausprägungen der Spiritualität unterscheiden sich, sondern auch das grundsätzliche Verständnis. Erschwerend kommt hinzu, dass die Begriffe Religiosität und Spiritualität insbesondere im englischsprachigen Schrifttum oft synonym gebraucht wurden, obwohl ihnen unterschiedliche Vorstellungen zugrunde liegen. Das 1936 erschienene Oestergaards Lexikon beschreibt spirituell als ›geistig, geistreich, auch geistlich, kirchlich‹ und den Begriff Spiritualität als ›Geistigkeit, geistiges Wesen‹, die im Gegensatz zur Materialität steht. Das dtv Brockhaus Lexikon von 1962 sieht Spiritualität anscheinend als Domäne der katholischen Konfession an: ›kath. Kirche: die christliche Frömmigkeit, insofern sie als Werk des Geistes Gottes unter Mitwirkung des Menschen verstanden wird; auch personale Aneignung der Heilsbotschaft‹.

Aktuelle Nachschlagewerke setzen Spiritualität mit Frömmigkeit gleich (›heute weitgehend gleichbedeutend mit Frömmigkeit‹ (Brockhaus Religionen, 2004); ›Frömmigkeit, eine vom Glauben getragene geistige Orientierung und Lebensform‹ (Lexikon der Psychologie, 2000–2002), während der Duden (1999–2004) die alten Definitionen beibehalten hat: ›Geistigkeit; inneres Leben, geistiges Wesen‹.« (Wikipedia)

Es wäre eigentlich ironisch, ist leider aber sehr traurig, wie egoistisch und engstirnig Menschen oft sind. Gerade in sogenannten aufgeklärten Kreisen finden sich überhebliche

Weltansichten, dass man ernsthaft an der logischen Intelligenz solcher Menschen zweifeln muss. Dass Intelligenz nichts mit Bildung zu tun hat, wurde mir auf meinen Reisen schon sehr bald klar.

Ich komme immer wieder mit Gruppen zusammen, die, unabhängig davon, was sie zusammenhält, aus den verschiedensten Gesellschaftsschichten zusammengewürfelt sind. Diese Kreise können politische (Parteien), wirtschaftliche (Zünfte) oder religiöse/spirituelle (Religionen, spirituelle Glaubensrichtungen) Ziele haben. Sie bestehen aus studierten Akademikern, einfachen Handwerkern und mittelständischen Unternehmern. Einblick in diese Gruppen habe ich, weil ich gefragt werde, für sie zu arbeiten, oder weil ich aus persönlichem Interesse einen begrenzten Zeitraum in einer dieser Gruppen verbringen möchte.

Leider muss ich auch dort sehr bald feststellen, dass Dogmen oder feste Vorstellungen sehr schnell zu geistiger Einschränkung führen.

Während jede dieser Gruppen von sich das Gefühl hat, der Wahrheit am nächsten zu stehen, wird über die anderen geurteilt und gelästert. Religiös und kulturell ist das zum Beispiel im Nahen Osten sehr schön erkennbar. Arbeite und spreche ich mit einem Sunniten in Dubai, so ist für ihn eindeutig klar, dass er auf jeden Fall der Wahrheit näher ist als ein Christ oder ein Jude und sogar näher als ein Schiit. Ein Schiit in Beirut hat von sich dieselbe Überzeugung.

Das Vorrecht der Auserwähltheit gibt sich ein Jude in Tel Aviv ebenso wie ein Moslem in Ägypten oder ein Christ in Frankreich. Ich könnte innerhalb von achtundvierzig Stunden mit einem Christen in Beirut, einem Juden in Jerusalem und einem Moslem in Amman sprechen und jedes

Mal würde ich hören, dass die eigene Religion die beste sei und der Wahrheit am nächsten stehen würde.

Eigentlich hätte ich solche Gespräche immer aufnehmen und im Internet veröffentlichen sollen. Sie würden auf wunderbare Weise zeigen, wie engstirnig und beschränkt solche Behauptungen sind. Übrigens gehen diese Aussagen quer durch die verschiedensten Gesellschafts- und Bildungsschichten.

Zur Verdeutlichung hier zwei Anekdoten, die zeigen, was ich damit meine.

In Quito, der Hauptstadt Ecuadors, sprach ich mit einer Frau über die verschiedenen Religionen im Nahen Osten. Wir kamen auf das Judentum zu sprechen, als sie mich fragte, ob Juden jene wären, die nicht an Gott glauben würden. Verdutzt schaute ich sie an und überlegte mir die Bedeutung dieser Frage.

Ob sie denn nicht wisse, dass Jesus ursprünglich Jude war, war meine Antwort auf diese Frage. Etwas ungläubig sah mich die Frau an, worauf ich ihr erklärte, woher die christliche Bibel käme und wo die Wurzeln des Christentums lägen.

Die zweite Geschichte trug sich in Israel zu. Nicht nur eine Person, sondern viele, gerade jüngere Menschen waren sehr überrascht, als sie von mir erfuhren, dass in Beirut (im Nachbarland Israels), anders als in Kabul oder dem Süden Teherans, Frauen nicht in Burkas herumlaufen müssen und dass Beiruts Partys zu den besten überhaupt gehören.

Es ist erschreckend, wie viel Macht Religion auf die Allgemeinbildung der Völker hat und wie eingeschränkt Menschen im sogenannten Zeitalter der Aufklärung erzogen werden. Viele haben erstaunlich wenig Wissen über die Kulturen und Religionen anderer Völker.

Der Krieg gegen den Terrorismus ist ein sehr gutes Beispiel dafür. Westlich geprägte Menschen urteilen, ohne auch nur die geringste Ahnung zu haben, wie der Böse (Moslem) lebt, fühlt und denkt.

Ich hatte während meiner Arbeit viele Möglichkeiten, die »Achse des Bösen« zu besuchen, mit »Terroristen« zu sprechen und auch zu arbeiten. Durch die vielen Reisen, den unendlichen Gesprächen und Eindrücken war ich mir irgendwann plötzlich nicht mehr sicher, wer genau der Terrorist war.

Ich wurde indirekt und direkt immer wieder damit konfrontiert, nicht nur mit dem islamischen Terrorismus, sondern auch mit dem jüdischen und christlichen Terrorismus. Schlaflose Nächte, langes Grübeln und Hinterfragen waren die Folge dieser Erlebnisse. Irgendwann in dem Labyrinth meiner Gedanken kam ich zu dem Schluss, dass Terrorismus nichts mit Religion oder Kultur zu tun hat, sondern mit den Individuen, die sich terroristisch benehmen.

Wer nun glaubt, dass die Loslösung von Religion das Heilmittel allen Übels ist, hat sich leider getäuscht. In meiner zwanzigjährigen Wanderzeit als medialer Berater rund um den Globus bin ich nicht nur mit sämtlichen Weltreligionen in Kontakt getreten, sondern auch mit den unterschiedlichsten spirituellen Gruppen.

Etliche Menschen lösen sich enttäuscht aus der Herkunftsreligion, finden neue Philosophien, lesen darüber, besuchen Zentren, um die neue Lebensanschauung zu vertiefen und integrieren sich schließlich in die neue Gemeinschaft.

Falsch ist daran nichts, ganz im Gegenteil, der Mensch ist ein Herdentier und benötigt zumindest in den meisten Fällen die Gemeinschaft. Nur sehr wenige wählen den Weg des einsamen Eremiten. Der auf keinen Fall, das sei angemerkt, der bessere sein muss als jener der Gemeinschaft. Es ist ganz einfach ein anderer Weg.

Manche dieser Gruppen nehmen sehr skurrile Formen an und übertreffen bereits bestehende Religionen bei Weitem an Starrsinn und Verblendung. In solchen Fällen wäre es, so denke ich mir, für den Betroffenen besser gewesen, er hätte seine ursprüngliche Glaubensrichtung nicht verlassen.

Der philosophischen Vorstellung und dadurch entstehenden Dogmatisierung sind oft keine Grenze gesetzt. Da man sich an keine kulturelle/religiöse Wurzel binden muss, kann man das Universum sozusagen neu wiedererfinden.

Dass sich viele der so entstehenden Ideologien widersprechen, ist eigentlich kein Problem. Traurig und ein Zeichen geistiger Armut wird es, sobald man wieder in Fanatismus und Überheblichkeit zurückfällt. Plötzlich verfallen diese Menschen wieder in die archaischsten Grundzüge des menschlichen Seins. Als ob nichts gelernt wurde aus der Vergangenheit, werden fanatische religiöse Züge erkennbar. Man verurteilt die anderen Gruppen, hält sich für besser, weiser und intelligenter.

Eigentlich müsste man doch davon ausgehen, dass Menschen, die sich aus einer Religion gelöst haben, weil sie der alten Machtstruktur müde waren, etwas Besseres erschaffen. Leider ist dem, wie sich immer wieder zeigt, überhaut nicht so.

Ein Beispiel dazu, welches ich vor wenigen Tagen erlebt habe. Der Produzent einer spirituell sehr offenen Produktionsfirma drehte mit mir ein Dokumentarfilmchen über Remote Viewing/Medialität. Nach Fertigstellung des Vorfilmes stellte er diesen ins Internet auf YouTube.

Normalerweise arbeitete dieser Produzent viel über das Thema Außerirdische und untersucht dieses Phänomen. Mich erstaunte nicht, dass verschiedene Kommentare zum Trailer negativ waren. Kritiker und Gegner von Medialität gibt es viele. Was mich hingegen erstaunte, war, dass viele der negativen Kommentare von Lesern kamen, die sich stark mit dem Thema Außerirdische beschäftigten. Es wurde kritisiert, dass die Auseinandersetzung mit dem Thema Medialität und Remote Viewing der Seriosität dieser Plattform betreffend Außerirdische schaden könnte!

Diese Menschen haben vermutlich nicht begriffen, dass sie sich, wie ich, ebenfalls im Bereich der Grenzwissenschaft Parapsychologie befinden. Außerirdische, Engel, Geister, Auren, Chakras gehören doch schlussendlich alle einer ähnlichen Grundidee an – nämlich der Existenz von Jenseits- und Parallelwelten. Leider zeigt diese Erfahrung, wie engstirnig Menschen sind, egal an was sie glauben, woher sie kommen und was sie bereits alles schon erlebt haben.

Die Kraft der Intuition, ausgedrückt in Hellsichtigkeit oder Magie, kommt in sämtlichen mir bekannten Religionen vor. In vielen Kulturen integrierte die modernere und kolonialisierende Religion eine bereits existierende archaische und stark magisch ausgerichtete. In Europa übernahm das Christentum alte keltische Rituale oder Feiertage, »modernisierte« sie mit christlichen Riten. In Südamerika findet man in Kirchen viele Symbole und Rituale, die aus der Zeit vor der Kolonialisierung stammen. Schamanen führen im Namen des Christentums magische Rituale durch, die überhaupt nichts mit der Kirche zu tun haben. In Zentral-asien finden wir in Ländern wie Afghanistan Schamanen, die archaisch medial arbeiten und gleichzeitig Islam prakti-zieren.

Die Kraft der Intuition steckt dem Menschen in den Knochen und in der Seele wie die Kunst, die Sexualität oder die Musik. Die Intuition liegt tiefer als alle Religionen oder Spiritualität. Es ist ihr egal, was wir glauben oder ob wir glauben. Es bleibt dem Individuum überlassen, welche Farben und Formen es seiner Intuition geben möchte.

Religionen und Philosophien sind bloße Hilfsmittel, die Kraft und die Macht der Intuition zu verstehen. Sie hel-fen der doch oft schwierig zu verstehenden Technik und zeigen Möglichkeiten, der Intuition eine Form zu geben.

Dank der Erfahrung kommt das Vertrauen und die Stützen können wegfallen. Gleichzeitig kann die so gewon-nene Freiheit zur Gefahr werden. Viele Menschen brau-chen Grenzen zum Eigenschutz oder zum Schutz für ande-re. Es liegt ganz im Ermessen des Praktizierenden, wie er sein Potenzial einsetzen möchte. Grenzen stellen keine mo-ralischen oder ethischen Grundsätze, sondern das eigene Potenzial und die damit verbundenen Möglichkeiten.

Das Motto der Harvard Universität VERITAS lässt sich ohne Weiteres auf die Kraft der Intuition übertragen. Wie jedoch diese Wahrheit aussieht und was mit ihr gemacht wird, liegt ganz in den Händen der medial talentierten Per-sonen.

# Verschwunden – Ein Medium sucht Spuren

In den ersten Februartagen im Jahr 2010 erhielt ich eine E-Mail, die mich freute. Eine Produzentin von Sony Pictures in Köln fragte bei mir an, ob ich interessiert wäre, eine mediale TV-Show zu produzieren. Die Idee der Produktion wäre, so erzählte mir die Dame, Vermisstenfälle medial zu analysieren. Ähnliche Konzepte gab es bereits. In den USA versuchte man schon länger, mithilfe medial begabter Menschen neue Hinweise zu Vermisstenfällen zu erhalten.

In Neuseeland gibt es bereits etwas länger die Sendereihe *Sensing Murder*. Mehrere Medien analysieren einen Fall und geben ihre Eindrücke wieder. Diese werden dann verglichen. Im Gegensatz zu *Sensing Murder*, die mit mehreren Hellsehern arbeitet, wollte Sony nur mich vor die Kamera nehmen. Meine Informationen sollten von Psychologen oder Polizisten analysiert werden. Man hoffte natürlich, dass verschiedene Fälle gelöst werden könnten.

Die Idee gefiel mir sehr gut. In Südamerika hatten wir ähnlich und sehr erfolgreich gearbeitet. Das Budget in Europa, so stellte ich mir vor, lässt sicherlich viel Freiraum, um ein spannendes Programm zu entwickeln.

Mehrere Wochen der Verhandlungen und Projektentwicklung standen an. Nach Abschluss der Gespräche und der Einigung entschied sich Sony, zuerst eine Miniserie zu drehen. Der Titel meiner Sendung hieß vielversprechend: *Verschwunden – Ein Medium sucht Spuren*.

Sony schickte mir etliche Fälle und ich sollte spüren, welche Erfolg versprechend sein könnten. Der Produktionsaufbau zu den einzelnen Fällen war sehr gut gemacht. Ich hatte Fotos der Vermissten und eine Beschreibung zum Fall. Einblick in Polizeiakten oder Kontakt mit der Familie der Vermissten wurde mir nicht erlaubt.

Die Analysen der Fälle schickte ich an Sony. Die Produzenten besuchten dann die Familienangehörigen der Vermissten und teilten ihnen meine Informationen mit. Jetzt wurde verglichen. Meine Informationen wurden, war dies möglich, mit den Polizeiakten verglichen. Die Familienangehörigen gaben ihrerseits Rückmeldungen.

Der Ablauf bei den Fällen war immer identisch, nur Fotos, Namen und Ortschaften änderten sich.

Im Gegensatz zur Sendung in Südamerika oder zu anderen Fällen, die ich analysierte, wurde ich hier sehr lange im Dunkeln gelassen. Ich hatte keine Ahnung, wie treffsicher meine Analysen waren.

Erfreulich für mich, die Produzenten und natürlich auch die Familienangehörigen war, dass sich während der Dreharbeiten einer der Fälle so auflöste, wie ich es vorhergesehen hatte. Einzelheiten aber erfuhr ich auch hier nur sehr vage.

Die Produzenten wollten verhindern, dass es später heißen könnte, ich hätte bereits alles im Vorfeld wissen können. Die Abschirmung von den Fällen war somit gerechtfertigt.

Den ersten Dämpfer bekam ich nach einigen Monaten. Ich erfuhr, dass niemand mit meinen Informationen direkt arbeiten würde. Im Gegensatz dazu gab es in Südamerika immer Polizisten oder sogar Soldaten, die mit meinen Informationen weiterarbeiteten.

Ich kann bei Vermisstenfällen die Regionen eingrenzen, oder ein Stadtquartier sehen. Manchmal konnte ich auch genaue Hinweise geben, um eine vermisste Person zu finden. In meinem Buch *Hellsichtig* habe ich beschrieben, wie ich mithilfe des Geistes der verstorbenen Frau deren Knochen finden konnte. Vierzehn Jahre nach dem Tod der Dame.

In einem anderen Fall ging es um ein vermisstes Flugzeug in Bolivien. Das Flugzeug konnte erst Wochen später gefunden werden. Es lag in einem Tal, das ich auf einer Karte angab und beschrieb. Leider war die Landschaft so wild und vom Dschungel überwachsen, dass man mit Suchhelikoptern das Flugzeug aus der Luft nicht sehen konnte. Erst ging man davon aus, dass ich mich getäuscht hätte. Später, nachdem das Flugzeug gefunden wurde, stellte sich heraus, dass ich richtig gelegen habe.

Schnell wurde mir nun klar, dass es sehr schwierig sein würde, die Fälle wirklich zu lösen. Sehe ich eine verschwundene Person in einem Wald und kann den Wald auch eingrenzen, heißt das noch nicht, dass man die Person einfach so finden kann. Je nachdem wie lange die Person verschwunden ist, kann sie auch unter der Erde liegen. Oder wilde Tiere haben die vermisste Person bereits angefressen und die Knochen sind verteilt. Ich kann nur Hinweise geben und mögliche Gegenden eingrenzen. Um die Person aber zu finden, müsste man Suchhunde haben und Beamte, die bereit sind, stundenlang zu suchen und vielleicht sogar zu graben.

Die Knochen, die ich in Bolivien fand, waren mehr als zwei Meter tief in der Erde vergraben gewesen. Drei Totengräber vom Friedhof gruben stundenlang, um die Knochen erst zu finden und dann freizulegen.

Ich war daher etwas enttäuscht, hoffte aber trotz allem auf einen guten Ausgang.

Lange war meine Arbeit sehr trocken. Ich saß zu Hause, sah mir Fotos und Landkarten an, meditierte und schrieb meine Reporte.

Erst nach vielen Monaten flog ich zum ersten Mal nach Deutschland zum Drehen. Wir starteten in Köln. Pro Sendung sollten immer zwei Fälle analysiert werden. Die Miniserie bestand aus drei Sendungen, also sechs Fällen. Pro Dreh arbeiteten wir immer an einer Sendung.

Die Fälle waren über fast ganz Deutschland verteilt. Mit meistens demselben Team fuhren wir an die verschiedenen Orte, die mit den Fällen zu tun hatten. Einige Personen sah ich noch lebend. Ich konnte Orte ausfindig machen, weiß aber bis heute nicht, ob ein betroffenes Familienmitglied mit meinen Hinweisen Recherchen anstellte.

Sah ich die vermisste Person tot, so fuhren wir in die Gegend, in der ich die Leiche vermutete. Mehr, als vor laufender Kamera meine Eindrücke wiederzugeben, konnte ich leider nicht machen. Es blieb nichts anderes übrig, als unverrichteter Dinge wieder abzuziehen.

Ich weiß, dass meine Informationen auch an die Polizei weitergegeben wurden. Ich weiß aber auch, dass die Polizei nicht viel von meiner Arbeit hielt und, soweit ich informiert bin, diese auch gar nicht weiter verfolgte.

Die Sendung wurde im April und Mai 2011 auf RTL 2 ausgestrahlt. Die Einschaltquoten waren bei der ersten Sendung durchschnittlich. Bei den folgenden Sendungen stiegen die Quoten kontinuierlich an. Das war wohl auch der Grund, warum Sony nach dem Ende der ersten Staffel mit dem Kanal weiter in Verhandlungen blieb. Eine zweite

Staffel wurde aber leider nie in Angriff genommen. So endete ein eigentlich sehr spannendes Konzept sehr schnell wieder.

Im Vorfeld der Ausstrahlungen gab es eine größere und gut organisierte Pressekampagne. Die Reaktion nach den Sendungen war eher bescheiden. Für mich aber war die Erfahrung mit *Verschwunden – Ein Medium sucht Spuren* sehr lehrreich.

Wir sind im 21. Jahrhundert. Das Internet-Fernsehen kommt immer stärker. Bereits heute habe ich mehrere sehr interessante Projekte vor laufender Kamera im Internet-Fernsehen. In den nächsten Jahren werde ich mich auf jeden Fall verstärkt damit auseinandersetzen. Meine gemachten Erfahrungen in Deutschland für RTL 2 werden mir dabei bestimmt sehr hilfreich sein.

# Der Fall Syrien
## oder die Wichtigkeit exakter Auslegung medialer Visionen

Setzt man sich mit dem Arabischen Frühling auseinander, stolpert man automatisch über Syrien. Vor dem Ausbruch der Unruhen habe ich zweimal das Land besucht.

Mein erster Besuch war privat, mein zweiter beruflicher Natur. Ich war von einer westlichen Botschaft gebeten worden, eine vermisste Person zu suchen. Der Zweck dieser Reise war, mehr Informationen zum Verbleib der Person geben zu können. Ich logierte in der Residenz des Botschafters und gab meine medialen Eindrücke zum Verbleib der Person wieder. Leider hatte ich in diesem Fall, im Gegensatz zu vielen anderen Vermisstenfällen, nicht die Möglichkeit, den Fall aufzuklären.

Später, zu Beginn der Unruhen in Nordafrika, wurde ich im Interview für das FEMME-MAGAZIN neben den Ländern, die schon von Unruhen betroffen waren, auch zu den noch nicht so stark betroffenen Ländern befragt. Die Journalistin wollte wissen, wie ich die Situation in Syrien sehen würde.

Die Präsidenten von Tunesien und Ägypten waren zur Zeit des Interviews bereits gestürzt. Auf meine Visionen zu der Regierung im Jemen bin ich bereits eingegangen.

Meine medialen Analysen sind zumeist speziell auf die kommenden zwölf Monate ausgerichtet. Dennoch kommt es vor, dass von mir Gesehenes später als in der Frist eines Jahres passiert.

Als ich mich auf Syrien konzentrierte, war meine Frage, wie die Regierung von Präsident Bashar Assad das Jahr 2011 überstehen wird. Ich konnte sehen, dass die Regierung von Assad weit über das Jahr 2011 an der Macht bleiben wird und für 2011 sah ich die Regierung stabil bleiben. Ich sah weder einen Sturz wie in Ägypten noch den Tod wie bei Gaddafi. Assad sah ich an seiner Macht festhalten und das Jahr 2011 ohne Probleme überstehen.

Beim Niederschreiben meiner Visionen machte ich den Fehler, nicht exakt genug mit meinen Worten umgegangen zu sein. Anstatt zu schreiben, dass ich die Regierung (um die es in der Frage ging) im kommenden Jahr stabil sehen würde, schrieb ich für die Journalistin Folgendes:

En Syrie, malgré les remous, la situation politique restera stable. Une alliance forte et profonde sera établie entre Damas et Beyrouth sur le plan économique. Les deux pays parviendront à instaurer une relation économique telle qu'ils parviendront à dépasser les problèmes qui les séparaient. *(Trotz den Turbulenzen bleibt in Syrien die politische Lage stabil. Eine neue starke wirtschaftliche Allianz wird zwischen Damaskus und Beirut entstehen. Die Beziehung wird vieles aus der Vergangenheit vergessen lassen.)*

Die politische Lage in Syrien blieb nicht stabil. Dafür ist die Lage von Präsident Assad noch bis zum heutigen Tag (4. Juni, 2012) stabil. Nur wenige hochrangige Politiker und Militärs wurden zu Verrätern und haben sich gegen die Regierung gewandt. Trotz immer wieder auftretenden Demonstrationen und Kämpfen der Aufständischen hat die Regierung das Land so weit unter Kontrolle.

Meine mir gestellte Frage zu Syrien war richtig: Wie geht es mit der Regierung 2011 weiter? Aber meine schriftliche Wiedergabe für die Zeitschrift war zu unpräzise. Meine Frage bezog sich auf die Regierung, meine Aussage auf das Land. Aus diesem Fehler gelernt, habe ich im Januar 2012 die Fragestellung und Niederschreibung meiner Analysen für die libanesische politische Zeitschrift *L'HEBDO* exakt aufeinander abgestimmt.

Meine zweite Aussage zur neuen und starken Allianz zwischen Beirut und Damaskus war ebenfalls sehr zutreffend. Durch die Unruhen im Land verlor Damaskus in der Region und weltweit immer mehr Verbündete. Trotz der Schwierigkeiten, die seit Jahren zwischen Syrien und dem Libanon bestehen, hat die Regierung in Beirut bis zum heutigen Tag Sanktionen gegen Syrien strikt abgelehnt und das Verhalten der Regierung Assads noch nicht öffentlich verurteilt. Bei regionalen Versammlungen oder vor der UNO hat sich der Libanon ebenfalls immer auf die Seite Syriens gestellt. Eine solch enge Verknüpfung wäre vor zwei Jahren noch sehr schwer vorstellbar gewesen.

Im November 2011 reiste ich erneut in den Libanon, um ein Seminar zu halten. Die Meldungen zur Lage in Syrien waren sehr unterschiedlich. Ich habe mit Syriern gesprochen, die absolut gegen Assad sind, und anderen, die weiterhin die Regierung unterstützen.

Informiert man sich in Beirut über die Lage in Syrien, sieht die Lage überhaupt ganz anders aus, als sie im Westen dargelegt wird. Einmal mehr musste ich feststellen, dass vieles, was in Mitteleuropa in den Nachrichten wiedergegeben wird, nicht unbedingt der Wahrheit entspricht, sondern sehr oft ganz banale Kriegspropaganda ist.

Unterdessen geht es in Syrien um viel mehr als um einen politischen Wechsel, den Arabischen Frühling oder

Machtkämpfe zwischen Sunniten und Schiiten. Syrien wurde zum Machtkampf im offenen Krieg zwischen einer neuen Konstellation von Ost und West. Wir befinden uns in einem neuen, noch kalten Weltkrieg, der immer aggressiver wird.

Ende 2011 bat mich eine libanesische Journalistin um meine Analysen für 2012. Das Interview sollte in der renommierten politischen Wochenzeitschrift L'HEBDO veröffentlicht werden. L'HEBDO wird auf Französisch veröffentlicht und kann mit der amerikanischen Newsweek verglichen werden.

Hauptsächlich interessierte die Journalistin, wie sich die Situation im Libanon entwickeln würde. Besteht die Gefahr, dass der Libanon ebenfalls in den Sog der Gewalt gerissen wird? Wie geht es mit Palästina weiter und wie würde sich der Erzfeind Israel in Jerusalem verhalten?

Natürlich stand auch Syrien mit hoher Priorität auf der Frageliste. Viele Libanesen befürchten, dass ein Zusammenbruch der Regierung in Damaskus oder eine Verschärfung des Konfliktes im Nachbarland negative Auswirkungen auf das eigene Land haben könnten. Die Journalistin hatte verständlicherweise viele Fragen zur Entwicklung der Situation.

Zusammengefasst habe ich für Syrien 2012 Folgendes gesehen:

Die Grenzen zwischen dem Libanon und Syrien bleiben stabil. Ich sah nicht, dass der Libanon direkt in den Konflikt involviert wird. Die Regierung in Damaskus wird auch dieses Jahr nicht das Schicksal von Tunesien, Ägypten oder Libyen teilen. Sie wird die Macht dank der Hilfe aus dem Ausland behalten können.

Wer einen schnellen Regierungswechsel erwartet, wird Geduld haben müssen. Ich konnte keinen wirklich offenen Bürgerkrieg erkennen. Dank Verhandlungen wird die Regierung sich behaupten können. Auch wirtschaftlich wird das Land nicht zusammenbrechen.

Eine internationale Intervention wie im Falle von Libyen konnte ich nicht sehen. Obwohl immer wieder als Option auf internationalen Verhandlungstischen, wird sich die Weltgemeinschaft nicht auf ein militärisches Eingreifen einigen können.

Wer mehr über meine Vorhersagen zu den Entwicklungen im Nahen Osten erfahren möchte, kann auf meiner Webseite unter Visions die nötigen Links dazu finden.

Bei solchen Analysen befinde ich mich, wie bereits erwähnt, immer im ideologisch/beruflichen Spagat. Natürlich wünsche ich mir für die Menschen in Syrien, dass sie frei und unbeschwert leben können. Würde dies einen Machtwechsel bedeuten müssen, so würde ich dem ebenfalls zusprechen. Aus medialer Sicht aber hoffe ich natürlich, dass meine Vorhersagen zutreffen und die Regierung in Damaskus zumindest das Jahr 2012 übersteht.

# Reise zum Mittelpunkt
## der Seele

Das Leben ist eine endlose Reise. Grenzen, die wir einzeln oder als Gesellschaft haben, werden ebenso schnell, wie sie entstanden sind, wieder abgerissen.

Nichts bleibt ewig – Dogmen in der Religion, Verankerungen in der Politik, Wertvorstellungen in der Wirtschaft oder das Altern des Menschen. Wir unterliegen einer ewigen Wandlung, die wir als Menschen mit der Geburt und dem Tod am eigenen Körper erleben.

Menschen, besser gesagt Seelen, begegnen mir oft schon lange vor der Geburt. Die freie Seele ist im Gegensatz zum Menschen unvoreingenommen und spontan. Wie mit Menschen kann man sich als Sensitiver mit Seelen unterhalten. Lautlos und sanft kommunizieren sie über ihr Bewusstsein, ihre Pläne, Wünsche und Vorstellungen vom Leben im Körper, den sie sich ausgesucht haben.

Leider widerspricht sich bei in einem Körper geborenen Seelen nicht selten der Verstand. Dieser lässt sich durch Einflüsse der Gesellschaft verblenden, ablenken und einschüchtern. Erst wenn der Verstand schweigt, kommt die Seele in Fahrt. Sie erzählt von ihren Potenzialen, Träumen und Hoffnungen. Sie kann auch enttäuscht, ernüchtert und hoffnungslos werden.

Die Seele bringt eine sehr klare Idee ihrer Möglichkeiten mit in den Körper. Kinder haben im Gegensatz zu vielen erwachsenen Erdenbürger eine sehr gute Verbindung zur Seele. Sie spüren diese, sie wissen, was sie möchte, und würden ihr gerne folgen. Erwachsene, Eltern und andere erziehungsberechtigte Personen, handeln leider sehr oft gegen diese spontane Kommunikation der Kinder. Ohne schlechte Absichten reden sie den Kindern ein, dass die Seelensprache Fantasie wäre und in der Welt der Erwachsenen keinen Platz hätte.

Irgendwann müssen so viele Seelen erkennen, dass das Menschlein, in dem sie sich befinden, resigniert und die Verbindung gekappt hat. Logischerweise macht das die Seele traurig. Oft hält sie dann ihre Informationen zurück und wartet in der Hoffnung, der Mensch hört irgendwann wieder auf sie. Findet sie den passenden Moment, so macht sie sich wieder stark bemerkbar und wartet gespannt darauf, ob der Mensch wieder zuhört.

Gott sei Dank gibt es tatsächlich Menschen, die Bereitschaft zeigen und wieder zuhören. Diese sind bereit, ihr Leben der Seele anzupassen.

Andere hören zu, erschrecken oder bekommen Angst und wenden sich wieder ab. In diesen Fällen wartet die Seele wieder geduldig. Jahrelang schlummert sie im Körper, in der Hoffnung, es gäbe eine weitere Möglichkeit der Kommunikation.

Für eine Seele ist es traurig, einen Körper verlassen zu müssen, ohne dass eine direkte Kommunikation stattgefunden hat. Dennoch bleibt ihr in vielen Fällen nichts anderes übrig, als wieder zu gehen und zu hoffen, dass in einer nächsten Existenz bessere Möglichkeiten der Kommunikation stattfinden.

Seele und Körper sind im Idealfall ein perfektes Team! Die Seele kennt ihre Talente, hat Verbindungen zu geistigen Welten, die Möglichkeit, Vergangenheit und Zukunft aus der »Vogelperspektive« verstehen zu können, kennt Ursachen und Wirkungen, die aus menschlicher Sicht nicht wahrnehmbar sind, oder hat die Möglichkeit, Reisen hinter Raum und Zeit zu machen.

Reisen hinter Raum und Zeit sind Träume, Astralreisen in andere Welten oder Reisen in Vergangenheits- und Zukunftsaspekte, um diese erkennen zu können.

Der Menschenkörper bewegt sich auf dem Planeten, kann arbeiten, Geld verdienen und Menschen kontaktieren, um so sein Talent oder seine Lebensaufgabe auszuführen.

Die Seele ohne den Körper kann nur sehr begrenzt auf der Erde aktiv werden, um ihr Potenzial auszudrücken. Der Körper ohne die Seele irrt hilflos um den Globus herum und hat kaum Möglichkeiten, seine Talente wirklich zu kennen.

Seelen altern im Gegensatz zum physischen Körper nicht. Sie bleiben, soweit ich das überblicken kann, auf ewig kraftvoll. Es scheint Seelen zu geben, die älter sind als andere. Woher Seelen kommen und wie sich erklären lässt, dass es immer mehr Menschen gibt und neue Seelen irgendwo entstehen müssen, kann ich leider nicht beantworten. Es gibt unzählige Theorien, die sich zum Ursprung der Seelen äußern. Vielleicht ist eine dieser Theorien sogar richtig. Mit Bestimmtheit wissen wird es jedoch niemand.

Wohin die Seele nach dem Tod wandert, das hingegen weiß ich mit Bestimmtheit. Ich habe schon unzählige Seelen verstorbener Menschen gesehen. Manche, die sich erst seit Kurzem vom Körper gelöst haben, andere, die es schon sehr, sehr lange sind.

Allerdings hatte ich bisher nur wenige Möglichkeiten, Seelen beim Verlassen des Körpers zu begleiten. Es sieht und fühlt sich ganz anders an, wenn man eine Seele, die den Körper verlässt, direkt vor sich hat oder das Ganze über das Fernsehen begleitet.

In den meisten Fällen ist die Trennung von Körper und Seele schwierig. Selbst Menschen, die während des Lebens großzügig vom Sterben gesprochen haben und davon überzeugt waren, keine Angst vor dem Tod zu haben, werden im entscheidenden Moment plötzlich wieder unsicher und ängstlich. Festklammern ist die Reaktion.

In diesen letzten Minuten, manchmal auch Stunden, versucht der Körper, die Seele an sich zu binden. Im Gegensatz zum Körper ist die Seele nicht an den Körper gebunden. Für die Seele findet mit dem Verlassen des Körpers eine Transformation in eine nächste Ebene statt. Für den Körper ist der Moment des Sterbens das definitive Ende!

Wissenschaftler versuchen seit Jahren, eine Möglichkeit zu finden, den Körper unvergänglich(er) zu machen. Der Erfolg war bisher eher gering. Die Seele dürfte über diese Versuche vermutlich schmunzeln. Die Angst vor dem Alter und dem Sterben ist ein Zeichen der Distanzierung zur Seele.

Stellt sich der Mensch über Gott, glaubt er sich über sämtliche Gesetze stellen zu müssen, so kann er langfristig nicht erfolgreich werden. Noch nie war eine Gesellschaft so fanatisch davon besessen, das Altern des Körpers hinauszuzögern, wie die unsere. Noch nie war eine Gesellschaft so weit entfernt von sich und der Seele!

Meditieren, sich Zeit nehmen, die Stimme der Seele wieder zu hören, bringt Ruhe und Vertrauen ins Leben. Legenden und Märchen füllen Bände mit Helden und Heldinnen, die sich, von einer Vision getragen, führen ließen. Im Namen der göttlichen Eingebung wurden Länder geboren, Kriege gekämpft, Lieben kreiert, Intrigen geführt.

Der Verstand kann kurzfristig nie den ganzen Plan der Seele verstehen. Trotz des Vertrauens ist es wichtig, die Stimme der Seele oder das, was wir glauben, könnte die Stimme der Seele sein, manchmal zu analysieren.

Allzu leicht kann sich das menschliche Ego einschleichen und sich als Intuition ausgeben. Vorsicht ist geboten. Wie bei einer Gratwanderung über steile Klippen muss auch hier Schritt für Schritt vorsichtig gemacht werden. Um Müdigkeit rechtzeitig zu spüren, ist es wichtig, sich Pausen zu gönnen.

Die innere Stimme, verliert man plötzlich die Kontrolle, kann ohne Weiteres unproduktiv und gefährlich werden. Genialität schlägt dann gnadenlos in Wahnsinn um, entfacht Kräfte, die nur sehr schwer wieder unter Kontrolle zu bringen sind.

Ist man sich dieser Gefahren bewusst, gibt es verschiedene Möglichkeiten der Vorbeugung. In sich gehen, meditieren und spüren, ob sich die Qualität der Stimme noch so wie zu Beginn anfühlt, ist eine davon. Auch Reality-Check, also ein Abstimmen der inneren und äußeren Wirklichkeit zueinander, ist möglich. Dazu unterhält man sich mit Menschen, denen man vertraut, um Rückmeldungen über die eigenen Handlungen zu bekommen. Man kann sich ebenfalls »out of the box« beobachten, indem man versucht, sich seine Taten aus der Vogelperspektive anzusehen. Eine gewisse Distanz kann helfen, die Umstände zumindest etwas neutraler zu sehen.

In absoluter Hingabe und der Möglichkeit, dass alles göttlich ist, wären meine Ratschläge atheistischer Natur. Viele, zu ihrer Zeit als Ausgestoßene, Verdammte, Verrückte oder sogar Bösartige deklariert, wurden später als Helden, Heilige, begnadete Künstler oder große Staatsmänner gepriesen.

Die letzten Wort dieses Kapitels möchten keine moralische Lehre sein, sondern ein Ansporn, der Seelenstimme mehr zu vertrauen.

Finden sich Seele und Intellekt in Harmonie und Einklang, ist die Möglichkeit der stimmigen Führung gute Voraussetzung!

# Kraftort: Titicacasee

Mit einer Größe von insgesamt ca. 8288 Quadratkilometern ist er der zweitgrößte See Südamerikas, der in Venezuela gelegene Maracaibo-See ist noch größer. Der Titicacasee liegt ca. 3810 Meter über dem Meeresspiegel und ist damit der höchstgelegene, kommerziell schiffbare See der Erde. Die größte Tiefe erreicht der Titicacasee mit 284 Meter in seinem nordöstlichen Abschnitt. Er ist 194 Kilometer lang und 65 Kilometer breit.

Mehrere Halbinseln umgeben den See, der sich in einen Nord- und Südteil aufteilt. Mehr als 25 Flüsse fließen in den See, der aber nur einen Abfluss, den Río Desaguadero, hat. Es gibt viele Inseln, einige von ihnen beherbergen alte Tempel der Inkakultur. Die wohl bekanntesten davon sind die Isla de la Luna und die Isla del Sol.

Der genaue Ursprung des Namens Titicaca, ursprünglich eine Bezeichnung für die Sonneninsel, ist nicht bekannt. Vermutet wird, dass der Begriff aus zwei Aymara-Wörtern besteht: titi heißt so viel wie »Große Katze« und kaka heißt »grau«. Laut Legende soll der erste Inka, Manco Capac, über einen Stein auf der Sonneninsel die Erde betreten haben. Besichtigt man die Insel, so glauben die Touristenführer und Einheimischen in diesem Felsen ein Katzengesicht erkennen zu können.

Um den See herum gibt es viele schöne Orte, die ich auf jeden Fall empfehlen kann. Touristisch schon sehr gut erschlossen, sind die vielen Sehenswürdigkeiten sehr leicht zu besuchen.

»Heutzutage leben ungefähr zwei Millionen Menschen in unmittelbarer Nähe des Sees, das hat eine starke Inanspruchnahme aller Ressourcen des Sees und seiner Uferzonen sowie der angrenzenden Landflächen zur Folge. Der Siedlungsdruck in den vergangenen Jahren hat extrem zugenommen. Allein der Wasserbedarf und die -entnahme an den größeren Zuflüssen (Ramis, Ilave, Coata, Huancane, Suchez und Catari) sind drastisch gestiegen, sodass der Wasserpegel des Sees seit Jahren stetig sinkt. Viele Uferzonen fallen trocken, zahlreiche Tierarten verlieren somit ihren Lebensraum, ihre Laichplätze und Nistmöglichkeiten.« (www.globalnature.org/20075/KAMPAGNEN/Bedrohter-See-des-Jahres-2012/02_vorlage.asp, Zugriff 30.5.2012)

Fliegt man La Paz an, kann man den Titicacasee nicht übersehen. Aus dem Flugzeug fallen dem aufmerksamen Touristen sofort zwei Naturobjekte ins Auge: der Illimani-Berg und der Titicacasee.

Der Illimani ist mit 6439 Metern der zweithöchste Berg Boliviens und der höchste Berg der Cordillera Real. Er hat vier Gipfel mit über 6000 Metern, deren höchster der Pico Sur ist. Für die Einwohner von La Paz ist der Illimani ein heiliges Wahrzeichen. Die Aymara-Indianer nennen ihn »Illemana«, zu Deutsch »wo die Sonne geboren wurde« oder auch »Jilir Mamani«, »der älteste Sohn«.

Der linke Gipfel heißt »Khunu Urucuncu«, »Schneebär«. Die Legende sagt, dass der Berg (Apu) Mururata versuche, den Illimani an Größe zu übertrumpfen. Das erzürnte den Illimani und er schlug ihm das schneebedeckte Haupt ab. Der abgetrennte Kopf, so sagt die Legende, befinde sich seither 200 Kilometer weiter westlich in Gestalt des erloschenen Vulkans Sajama.

Vom Flugzeug aus sieht der Titicacasee aus wie ein Meer. Endlos scheint er den Altiplano auszufüllen. Fliege ich La Paz an, freue ich mich besonders, den See beim Anflug von oben sehen zu können.

Mystiker behaupten, dass der Titicacasee eines der Erden-Chakras sei. Ohne Zweifel ist der See ein Kraftort. Die Reise von La Paz zum See ist bereits fantastisch! Man steigt vom 3500 Meter über dem Meer gelegenen Stadtzentrum auf 4000 Meter hoch, um die Hochebene zu erreichen. Auf dieser übersieht man die endlos wirkende Stadt. Riesige Slums erstrecken sich auf und unterhalb des Altiplanos.

Schön anzusehen und attraktiv wirkt eigentlich nur der südliche Teil der Stadt. Von der Hochebene aus hat man jedoch den einzigartigen Blick auf die Berge, die offene Ebene und das Siedlungsmeer, in welchem sich der internationale Flughafen befindet.

Touristen können in La Paz in bequemen Bussen zum See fahren. Wer billiger reisen möchte, kann die meistens sehr unbequemen öffentlichen Busse nehmen. Sind die Straßen aus der Stadt heraus nicht durch einen der immer wiederkehrenden Streiks blockiert, so kommt man relativ gut voran. Bolivien ist Weltrekordhalter – in Staatsstreichen! Politische Unruhen gehören fast zum Alltag, wie der Sonnenauf- oder -untergang.

Hinter der Stadt öffnet sich der fast menschenleere Altiplano vor den Augen des Reisenden. Indios sitzen am Straßenrand und bieten ihre Ware an. Oder kleine Kinder hüten stolz den Besitz der Familie – zwei oder drei Lamas.

Hauptziel am See ist in den meisten Fällen Copacabana. Boliviens Copacabana hat nichts von dem Glamour, dem Nachtleben und den attraktiven Frauen, die es an Brasiliens Copacabana gibt. Einzig den Namen teilt man sich, obwohl Boliviens Copacabana älter ist als der Ort in Brasilien.

Vor der Küste Copacabanas liegen die berühmten Inseln mit ihren magischen Kraftorten. Diese dienten zur Inkazeit als Rückzugsorte für Hohepriester, um Rituale durchzuführen.

Auch die Inseln auf der peruanischen Seite können gut über Copacabana besucht werden. Reisenden, die von La Paz nach Cusco über den Landweg fahren, stehen zwei Landstraßen zur Verfügung. Die beliebtere verläuft ebenfalls via Copacabana. Verlässt man La Paz, dauert es je nach Fahrzeug zwischen drei und fünf Stunden, um Copacabana zu erreichen.

Den ersten faszinierenden Blick kann man bereits kurz hinter La Paz auf den See werfen. Wer mit einem privaten Fahrzeug unterwegs ist, kann hier anhalten, um die ersten Blicke über den See zu genießen oder in einem der Restaurants die berühmten Forellen des Sees zu essen.

Hat man keine Möglichkeit anzuhalten, so verpasst man nicht viel. Es gibt noch unzählige Aussichtspunkte, um die Schönheiten des Sees zu genießen.

Der sensibel oder intuitiv veranlagte Tourist nimmt sehr schnell die besondere Ausstrahlung des Sees wahr. Wer nicht so offen ist für die feinstofflichen Wahrnehmungen wird dennoch sprach- und atemlos sein beim Blick auf den See! In Kombination mit der Natur, indigenen Dörfern und den für das westliche Auge exotisch wirkenden Lamas bietet die Umgebung einen einzigartigen Blick.

Viele, zum Teil sehr alte, aber auch moderne Legenden verleihen dem Titicacasee eine mystische Aura. Bereits zur Prä-Inkazeit diente die Umgebung als mystischer Ort. Eine der Inkalegenden besagt, dass auf einer der Seeinseln der erste Inka auf die Erde kam. Moderne Legenden erzählen von unterirdischen Städten im See, UFO-Sichtungen und vielen transzendenten Erfahrungen einzelner Suchender.

Nach etwa drei Viertel der Strecke erreicht man die »Straße von Tiquina«. Auf großen Flößen werden hier Passagiere und Fahrzeuge über den See gebracht. Hat man diese Überquerung noch nicht gemacht, ist sie ohne Zweifel ein kleines Abenteuer. Auf der anderen Seite angekommen, steigt man wieder in die Fahrzeuge, um den letzten Abschnitt hinter sich zu bringen.

Einer Pilgerreise gleichend, nähert man sich Copacabana und wartet sehnsüchtig darauf, die ersten Häuser des Städtchens zu sehen. Nicht nur für Mystiker ist Copacabana von großer Bedeutung. Gläubige Katholiken reisen jährlich dorthin, um der Heiligen in der Kathedrale Wünsche vorzutragen. Der Marienfigur von Copacabana werden viele Wunder und Heilungen zugesprochen.

Ich hatte öfter die Gelegenheit, den See zu besuchen. Bei jedem meiner Besuche machte ich – gesucht und ungesucht – immer sehr mystische Erfahrungen. Ende der Neunzigerjahre, auf meiner zweiten Reise, fuhr ich mit einer Gruppe von Freunden zum See. Unser Ziel war die Sonneninsel. Meine erste Reise war die bereits beschriebene Flucht aus Lima nach Bolivien.

Diesmal bestiegen wir von Copacabana aus ein Boot und fuhren zur berühmten Sonneninsel oder »Isla del Sol«. Auf dieser soll laut Legende der Sonnengott seine Kinder zur

Erde gebracht haben. Noch heute werden dort alte Inkarituale durchgeführt. Ohne Zweifel fehlt es der Insel nicht an Mystik. Nicht weit von der Sonneninsel entfernt liegt die ebenfalls sehr wichtige Mondinsel oder »Isla de la Luna«.

In verschiedenen Meditationen verbanden wir uns mit den Kräften der Insel. Es gibt auch dort noch speziellere Orte, an denen das Meditieren und Beten dank den vorhandenen Kräfte sehr leichtfällt.

Auf dieser Reise habe ich eine Erfahrung gemacht, die ich mir bis heute nicht erklären kann. Ich könnte Vermutungen zur Natur des Ereignisses anstellen, mit Sicherheit lässt sich jedoch nichts erklären.

Wir übernachteten in einem der kleinen Hostels auf der Insel. Ich wollte für mich sein und ging spazieren. Auf einem Stein sitzend, sah ich über den See und genoss die Geräusche der Natur. Plötzlich tauchte ein helles Licht auf. Ich konnte schon damals nicht mit Sicherheit sagen, ob das Licht aus dem See kam oder in den See stieß. Auf jeden Fall sah das Licht aus wie ein Strahl, der vom Himmel in den See kam oder umgekehrt. Die Erscheinung dürfte nicht länger als ein paar Sekunden gedauert haben.

Fasziniert von dieser Erscheinung, stand ich auf, um meine Freunde zu suchen. Keiner hatte Mühe zu glauben, dass sich das von mir Beschriebene tatsächlich ereignet hat.

Bei einem späteren Besuch nach der Jahrtausendwende fuhren wir zu viert nach Copacabana, um eine Erfahrung mit dem San Pedro Kaktus zu machen. Beim San Pedro Kaktus (*Echinopsis pachanoi*) handelt es sich um eine Kakteenart, die besonders in den peruanischen Anden, aber auch in Bolivien, Chile und Brasilien wächst. Der Kaktus wird oft für traditionelle medizinische Zwecke eingesetzt, in den Anden auch seit über 3000 Jahren (wie auch Peyote) für religiös/mystische Rituale und Heilpraktiken genutzt.

Vor dieser Reise hatte ich mehrere Erfahrungen mit dem San Pedro machen dürfen. Jede der psychedelischen Reisen war für mich lehrreich. Sie öffneten mir Zugänge zu Welten, die ich dank meiner stark ausgeprägten Intuition auch so hatte, aber um ein Vielfaches potenzierter.

Psychedelische Erfahrungen sind für den respektvollen Adepten eine einmalige Möglichkeit, besondere spirituelle Momente zu erleben. Wir hatten uns den Kaktus in La Paz besorgt und zubereitet. Nach dem Einchecken im Hotel trank jeder sein Gläschen und begab sich auf seine ganz persönliche Reise.

Nur wer solche Erfahrungen machen durfte, kann nachvollziehen, wie nahe man der Natur, Gott und der Einheit kommen kann. Meine persönliche Erfahrung auf dieser Reise war die tiefste Verbundenheit mit der Natur. Wir besuchten diesmal keine der Inseln, sondern blieben in der Umgebung Copacabanas.

Die dritte Reise in die Region war mit meiner Mutter und Rolf, meinem Stiefvater. Wir besuchten das Städtchen – aßen dort gut – sowie die Kathedrale. Unser eigentliches Ziel war Cusco.

Mit meiner Frau besuchte ich 2011 den See. Wir waren ebenfalls auf dem Weg nach Cusco. Am zweiten Tag fuhren wir mit einer Lancha (Boot) auf die Sonneninsel. Ein Führer zeigte uns die Insel und ihre Sehenswürdigkeiten. Bei jedem der Tempel nahm ich mir etwas Zeit, um zu meditieren. Erinnerungen an meine erste Reise kamen hoch. So viele Jahre sind vergangen, aber die Kraft des Ortes fasziniert noch genau so wie beim ersten Besuch.

Wir blieben zwei Nächte in Copacabana. Verändert haben sich dort in den letzten Jahren vor allem das Nachtleben und die gastronomischen Angebote. Copacabana ist heute ein sympathisches Örtchen mit vielen Sehenswürdigkeiten.

Als wir den Ort und später die Landesgrenze hinter uns ließen, spürte ich, wie auch ein Teil meiner Seele zurückblieb. Nicht nur die Magie und die Kraft auf diesem Stück Erde haben mich in seinen Bann gezogen. Die Kultur Boliviens, seine atemraubenden Landschaften und liebevollen Menschen sind Teile meines Herzens geworden.

# Das Pro und Contra übersinnlicher Fähigkeiten in der Kriminalistik

»Es sei daher gestattet, an die Fachgenossen die Mahnung anzuknüpfen, in fremden Gebieten nach für uns Wichtigem zu spüren und das Gefundene den anderen mitzuteilen.« *(Fritz Gross, Herausgeber des »Archives für Kriminalanthropologie«, 1899)*

Die deutsche Fachzeitschrift *Kriminalistik* (hrsg. vom Kriminalistik-Verlag, Heidelberg) hat sich in mehreren Ausgaben mit dem Thema Intuition und Polizeiarbeit auseinandergesetzt. Befürworter und Gegner haben ihre Argumente wiedergegeben.

Dr. Wolf Wimmer, Vorsitzender Richter am Landgericht Mannheim, vertrat in der *Kriminalistik*, Ausgabe 3/1978, eine sehr kritische und radikale Einstellung. Seine Ansicht dürfte allerdings, wie auch das Ausgabedatum der Zeitschrift zeigt, veraltet sein. Die Zusammenfassung seines Artikels liest sich folgendermaßen:

»Die seit einiger Zeit zu beobachtende Neu-Verbreitung alt-abergläubischer Vorstellungen durch sog. Parapsychologen verführt wohl Uniformierte immer wieder dazu, in schwierigen Kriminalfällen Aufklärung auch durch den Einsatz von ›Hellsehern‹ zu versuchen. Dabei ist seit gut fünfzig Jahren bekannt, dass dies ein Irrweg ist, auf dem schwere Gefahren für unsere Rechtssicherheit lauert.«

Im Artikel zeigt er anhand verschiedener Beispiele, dass ASW (Außergewöhnliche Wahrnehmung) bislang völlig erfolglos war bei der Verbrechensbekämpfung, noch kein einziges Verbrechen sei durch ASW geklärt worden.

Würde Dr. Wimmer sich die Zeit nehmen und meine Webseite lesen, so müsste er spätestens jetzt zumindest etwas offener gegenüber dem Thema werden.

Ich erwähne immer wieder, dass mediale Hinweise nie als einziges Hilfsmittel zur Verbrechensaufklärung eingesetzt werden dürfen. Zumindest in diesem Punkt gebe ich ihm recht. Als Ergänzung zu traditionellen Aufklärungsmethoden hingegen können sie sehr hilfreich sein.

Fast zum Schluss seines Artikels verrennt sich meiner Meinung nach Dr. Wimmer in seinem beinahe blinden Fanatismus gegenüber Hellsehern. So schreibt er, dass die geistigen Vorfahren der ASW-Denunzianten die berüchtigten Hexenfinder waren. Diese hätten dazu gedient, »hellsichtig« Hexen im Ort aufzuspüren, und hätten sich dann dafür aus dem Vermögen der Hingerichteten reich belohnen lassen. Diese Aussage ist sicher nicht ganz falsch. Der Autor dieses Artikels vergaß nur zu erwähnen, dass viele der verbrannten »Hexen« Heiler oder intuitiv talentierte Menschen waren, die von der Kirche für ihre Kräfte verurteilt wurden. Dr. Wimmer denunziert medial veranlagte Menschen der »Hexenfinderei« und erhebt sich mit seinen Aussagen zu einer Art modernem Großinquisitor, indem er über andere urteilt und diese verteufelt!

In der Ausgabe 4/2011 der Zeitschrift schreibt Oberrat Mag. Dr. Ernst Vitek, Leiter der psychologischen Mitarbeiterbetreuung für Beratung, Coaching und Supervision der

Bundespolizeidirektion Wien, in seinem Artikel »Die Kraft der Intuition« unter anderem Folgendes:

»Sich auf sein Gespür zu verlassen, in den jeweiligen Situationen richtig zu handeln, neue Herausforderungen zu meistern, machen es erforderlich, diese Fähigkeit (die Intuition, Anmerkung des Autors) unbewusst in Anspruch zu nehmen. Sehr oft geschieht das, ohne richtig darüber nachzudenken und sich bewusst mit der betreffenden Lage auseinanderzusetzen.

Rational ist das jeweilige Handeln, die stattfindende Reaktion, schwer oder gar nicht zu erklären …

… Mittlerweile hat die Wissenschaft zahlreiche Forschungen angestellt, die belegen, dass intuitives Vorgehen in vielen Fällen komplizierten Entscheidungsverfahren überlegen ist.«

Dr. Vitek setzt sich in seinem Artikel seriös und sachlich mit der Intuition in polizeilichen Untersuchungen auseinander. Er sieht die Intuition richtig als Teilaspekt des menschlichen Wesens.

»Im Polizeiberuf«, schreibt er, »regieren nach außen hin scheinbar fast ausschließliche Gesetze, Vorschriften und Richtlinien. Für Intuition und eine Rücksichtsnahme auf die Gefühlswelt ist auf den ersten Blick nicht sehr viel Platz. Dabei handelt es sich aber sicherlich um einen fatalen Irrtum. Wer sich genauer mit dem Thema beschäftigt, wird bemerken, dass Intuition, das Bauchgefühl, der sogenannte sechste Sinn, gerade in der Polizeiarbeit einen wichtigen Platz einnehmen. Welcher Polizist hat im Zuge von polizeilichen Ermittlungen oder Aktionen nicht schon einmal den richtigen ›Riecher‹ gehabt, sich auf eine Spur geheftet, obwohl fast alle Fakten dagegen sprechen? Wenn sich dann diese Vermutungen oder Gefühle als richtig heraus stellen, ist die Freude über den Erfolg groß.

Anderseits fragt man sich oft, wie es zu diesen Ideen und Gedanken gekommen ist und wie sich diese verifizieren lassen. Die Wissenschaft, so auch jene, die sich mit Polizeiarbeit beschäftigt, steht hier sichtlich noch am Anfang und nähert sich diesem Thema nur mit großer Skepsis an.«

Weiter schreibt er, dass langjährige Berufserfahrung dazu beitrage, die richtigen Entscheidungen zu fällen. Sachlich beschreibt er, wie die Wissenschaft Begriffe wie »Präkognition«, Vorauswissen definiert. Es sei die Fähigkeit eines »zweiten Gesichtes«, wenn jemand zukünftige Ereignisse vorausahnen oder voraussehen kann.

Ein sehr interessanter Versuch medialer Zusammenarbeit mit der Polizei wird auch in der *Kriminalistik*, Ausgabe 10/2011, beschrieben. Mark Benecke, Internat. Forensic & Consulting, Autor und Sachverständiger für kriminalistische Sicherung in Köln, veröffentlichte sein Experiment unter dem Titel »Einsatz von übersinnlichen Fähigkeiten – Test eines ›Mediums‹ bei Tötungsdelikten«.

Der Autor ließ ein weibliches Medium fünf völlig unbekannte Fälle beschreiben. Das Medium hatte außer einer Fotografie des Tatortes, des Opfers oder eines Gegenstandes, der am Tatort zu finden war, nichts in der Hand.

Sachlich beschreibt der Autor die Grundsituation des Verbrechens, stellt diese den Aussagen des Mediums gegenüber und vergleicht zum Schluss die Fakten des Falles mit den Aussagen des Mediums.

Interessanterweise war einer der Fälle gar kein Verbrechen, dennoch beschrieb das Medium ein solches. Er kam daher zu dem Schluss, dass mediale Hinweise für die polizeiliche Arbeit nicht hilfreich seien.

Zusammenfassend beschreibt er, warum Außenstehende bei medialen Hinweisen einen nutzbaren Zusammenhang sehen können, den die Polizei aber nicht verwenden kann. Weil sich vorab nicht feststellen lässt, welche der medialen Hinweise korrekt sind und welche es nicht sind beziehungsweise welche noch ausgelegt werden müssen, werden die Ermittlungen dadurch nicht erleichtert, sondern erschwert.

Blindes Vertrauen in mediale Hinweise ist, wie der Artikel von Herrn Benecke zeigt, nicht empfehlenswert. Zum Schutze der medialen Arbeit sei noch gesagt, dass das für sämtliche Aspekte des Lebens oder Berufsgattungen gilt.

Kurz nach den Anschlägen vom 9. September 2001 war ich in New York eingeladen, um Vorträge vor UNO-Angestellten und Diplomaten bei der UNO zu halten.

Die Räumarbeiten am Groundzero waren noch weit davon entfernt, abgeschlossen zu sein. Ich hatte damals die Gelegenheit, den Ort des Unglücks zu besuchen, und war schockiert vom Ausmaß der Zerstörung. Bei dieser Gelegenheit lernte ich einen Polizisten aus Miami kennen. Nick, so hieß er, war freiwillig nach New York gekommen, um bei den Aufräumarbeiten zu helfen.

Er erzählte mir, dass er mehrere Kurse besucht hatte, die dazu dienten, den Polizisten das Verständnis der Intuition näherzubringen. Die Beamten lernten, wie die Intuition funktionierte und wie sie effektiv eingesetzt werden kann.

Er berichtete uns am Beispiel einer Verfolgung, wie das funktionieren kann. Fährt oder rennt ein Beamter einem

Verbrecher hinterher und verliert dessen Spur, kann die Intuition den richtigen Weg anzeigen. Er selber, so gab er uns zu verstehen, vertraue zu hundert Prozent seiner Intuition. Schon öfters hätte sie ihm den richtigen Weg gezeigt oder geholfen, eine Entscheidung zu treffen – erfolgreich!

In meinen zwanzig Jahren medialer Arbeit habe ich unzählige Beamte und Agenten getroffen, die auf die Kraft der Intuition vertrauen. Egal was Kritiker meinen oder wie oft Medialität verpönt wird, ich kenne ihre Möglichkeiten und Vorteile.

Zum Glück gibt es überall Menschen, die ein offenes Ohr und Gefühl für die Intuition haben. Jeden Tag gibt es deren mehr und vielleicht wird es in Zukunft möglich sein, über Intuition und die Kraft der Medialität so offen und frei zu sprechen wie über die Kunst oder das Wetter!

# Hellsehen und Polizei
## Das Interview

Im Herbst 2011 traf ich mich das erste Mal mit Frau R. W. in Basel zu einem Gespräch. R. W. hatte von meiner Arbeit gehört und mein Buch *Hellsichtig* gelesen und wollte mehr über meine Erfahrungen mit Vermisstenfällen wissen. Wir trafen uns im Café des Hotels Euler beim Bahnhof in Basel zu einem Interview.

Kurz nach diesem Gespräch kam mir der Gedanke, Frau R. W. ebenfalls zu interviewen für mein neues Buch.

Im Frühling 2012 traf ich Frau R. W. zum zweiten Mal, auch wieder in Basel. Dieses Mal hatte ich den Fragebogen in der Hand und den Zeigefinger am Mikrofon.

*MZ:* Frau R. W., vielen Dank, dass Sie sich für dieses Interview zur Verfügung gestellt haben. Sie sind seit einigen Jahren Bundesangestellte bei fedpol (Bundesamt für Polizei) und persönlich sehr am Thema Medialität und Intuition interessiert.

*MZ:* Frau R. W., sind Sie intuitiv?

*RW:* Ja, ich denke jeder Mensch hat diese Fähigkeit.

*MZ:* Machen Sie täglich Meditationen und hören Sie bewusst auf Ihre Intuition?

*RW:* Situativ bedingt, Meditation ist ein weiter Begriff. Ich denke, dass ich unbewusst viel auf meine Intuition höre. Ich lasse viel in meinen Alltag einfließen, egal ob beruflich oder privat.

*MZ:* Haben Sie sich bereits vor Ihrer polizeilichen Tätigkeit für Hellsichtigkeit und Medialität interessiert?

*RW:* Ich denke, unbewusst schon. In meiner jetzigen beruflichen Tätigkeit wurde es durch einen Arbeitskollegen verstärkt. Ganz früher habe ich mich mit Astrologie beschäftigt, hatte also bereits Interesse an spirituellen Methodiken. Ich würde dies als Vorstufe ansehen, dank dem Arbeitskollegen konnte ich die Themen dann vertiefen. Ich fing an, mir Fragen zu stellen wie zum Beispiel, was passiert nach dem Tod, und öffnete mich überhaupt erst für Spiritualität, sicherlich auch bedingt durch einen Todesfall in meinem näheren Umfeld.

*MZ:* Kam das Thema Intuition in Ihrer Ausbildung zur Sprache?

*RW:* Nein, gar nicht!

*MZ:* Überhaupt nicht?

*RW:* Nein!

*MZ:* Ein guter Bekannter in den USA war bei einem SWAT (Special Weapons and Tactics Team) in Florida. Seit Kurzem ist er bei einer Spezialeinheit in Washington DC. Kurz nach dem 11. September 2001 war ich in New York. Dort erzählte er mir, dass seine Einheit speziell in Kursen trainiert wurde, um die Intuition zu schulen. Kennen Sie solche Übungen aus Ihrer Ausbildung oder Arbeit?

*RW:* Gar nicht.

*MZ:* Können Sie mit Ihren Vorgesetzten über die Kraft der Intuition sprechen?

*RW:* Ja, ich denke schon. Ich »verkaufe« das Thema jedoch anders. Ich passe es an. Ich würde Begriffe benutzen wie »ich habe das Gefühl« oder »ich vermute, dass«. Sätze wie »ich habe darüber meditiert« oder »ich hatte eine Vision« könnte ich nicht bringen. Ich muss es »kodieren«, um es alltagstauglich zu machen.

*MZ:* Kodieren, der Ausdruck gefällt mir sehr!

(*Wir lachen beide*)

*MZ:* Wie verhalten sich Ihre Kollegen, wenn Sie mit ihnen über Hellsichtigkeit sprechen?

*RW:* Sehr unterschiedlich! Grundsätzlich sind sie offen, am Thema interessiert. Oft wissen die meisten nicht wirklich, um was es dabei geht oder was es beinhaltet. Auf der anderen Seite haben viele eine Vormeinung oder falsche Vorstellungen. Vieles ist unklar. Im Grunde offen, man kann darüber diskutieren, verschiedene Meinungen werden ausgetauscht.

Meine Erfahrung zeigte mir, dass es zwei Lager gibt. Entweder man ist dem Thema offen gegenüber eingestellt und nimmt es an oder nicht. Zum Glück sind nur sehr wenige wirklich total verschlossen und wehren bereits von Anfang an ab. Der Polizist an sich ist sehr kopflastig, alles muss beweisbar sein. Auf der anderen Seite spricht man von einer Spürnase oder Kommissar »Zufall«. Wie schon erwähnt, wird es einfach anders formuliert.

Zum Schluss jedoch werden sämtliche Erfahrungen oder Eingebungen der Intelligenz und nicht der Intuition oder gar einer höheren Kraft zugeschrieben.

*MZ:* Haben Sie sich schon über das Thema mit Kollegen aus anderen Ländern unterhalten?

*RW:* Nein, über dieses Thema noch nie.

*MZ:* Warum möchten Sie untersuchen, wie stark die Medialität bei der Polizei eingesetzt wird?

*RW:* Ich möchte herausfinden, ob es ein taugliches Mittel für die Polizeiarbeit ist, ob es weiterhelfen kann. Man liest beispielsweise viel über Medialität in den in- und ausländischen Medien im Zusammenhang mit der Polizei, viele Leute sind daran interessiert. Ich möchte erfahren, ob dank der Kraft der Intuition ein nutzbarer Mehrwert vorhanden ist. Es interessiert mich, ob es die Möglichkeit geben könnte, die zwei Aspekte, Medium und Polizei, zusammenzubringen. Polizisten sind schlussendlich auch nur Menschen und können wie jedermann Unterstützung gebrauchen. Der Polizist ist Profi in seiner Arbeit und dann gibt es Menschen wie Sie, der Profi fürs Mediale ist.

Es würde mich interessieren, ob es da eine sinnvolle Zusammenarbeit geben könnte.

*MZ:* Was passiert, wenn sich jemand bei der Polizei meldet und mediale Hinweise geben möchte? Wird solchen Informationen nachgegangen?

*RW:* Grundsätzlich nicht. Das Problem ist, dass sich extrem viele Menschen immer wieder melden. Die meisten Menschen haben das Bedürfnis, zu helfen. Speziell bei Fällen, die stark in der Presse behandelt werden, oder wenn es sich um Kinder handelt.

Für die Polizei ist es dann nicht mehr möglich, mit der Flut der Informationen umzugehen. Es fehlen Qualitätsmerkmale. Was ist seriös und was nicht? Vergleichbar einer Nadel im Heuhaufen. Es gibt nicht die Möglichkeit, sämtlichen Informationen nachzugehen.

Es hängt meistens auch von der Person ab, die diese Art von Informationen entgegennimmt. Manche sind offen dafür, andere überhaupt nicht. Die Chance ist also sehr gering, dass einem solchen Hinweis effektiv dann auch nachgegangen wird.

MZ: Ich persönlich habe in der Schweiz schon öfter versucht, der Polizei Informationen zustellen zu lassen, in den meisten Fällen stieß ich auf verschlossene Ohren. Kann es sein, dass die Schweizer Polizei in Zusammenarbeit mit medialen Profilern etwas zu konservativ eingestellt ist?

RW: Auf keinen Fall sind alle Polizisten für mediale Informationen verschlossen. Die Polizei arbeitet mit Fakten, nur wenige Beamte möchten sich zu weit aus dem Fenster lehnen, sie haben Angst unseriöse Arbeit anzugehen. Auf der anderen Seite gibt es in Ländern wie der USA auf jeden Fall mehr Offenheit. Der Schweizer ist hier bestimmt etwas zu verschlossen.

MZ: Denken Sie, dass die Polizeistellen heute mit medialen Hinweisen ernster umgehen als, sagen wir, noch vor zehn oder fünfzehn Jahren?

RW: Diese Frage kann ich so nicht direkt beantworten. Ich denke aber, dass die Polizei heute dank den technischen Entwicklungen weniger auf mediale Hinweise angewiesen ist. Zum Beispiel im Bereich der Spurensuche haben wir heute Möglichkeiten, die uns vor zwanzig oder dreißig Jahren noch nicht gegeben waren. Vielleicht war man daher noch mehr auf mediale Hinweise angewiesen oder stand diesen auch offener gegenüber.

MZ: Aus verschiedenen Ländern weiß ich aus persönlicher Erfahrung, dass nicht nur die Polizei, sondern auch Geheimdienste aktiv mit medialen Informationen arbeiten. Was können Sie uns darüber betreffend der Schweiz erzählen?

*RW:* Persönlich kann ich Ihnen diese Frage leider nicht beantworten, weil mir die Informationen dazu fehlen. Ich kann mir aber gut vorstellen, dass die zuständigen Stellen in der Schweiz sich auch im Ausland informieren, um zu sehen, wie wertvoll solche Informationen sein können.

*MZ:* Kennen Sie Remote Viewing und was halten Sie davon?

*RW:* Ich habe mich schon mit RV auseinandergesetzt. Ich denke, es ist ein gutes Hilfsmittel und kann, seriös angewendet, erfolgreich eingesetzt werden.

*MZ:* Würden Sie persönlich RV anwenden, um bei polizeilichen Untersuchungen zusätzliche Informationen zu bekommen?

*RW:* In meiner Funktion ist das im Moment nicht möglich. Gäbe es zu einem späteren Zeitpunkt Möglichkeiten dazu, würde ich es bestimmt einsetzen.

*MZ:* Wissen Sie von einem Fall, der in der Schweiz dank medialen Hinweisen gelöst werden konnte?

*RW:* Bis anhin leider nicht. Noch habe ich meine Untersuchungen dazu nicht abgeschlossen und hoffe, auf interessante Fälle zu stoßen.

Ich kenne einen Fall aus Holland. Dort sei ein Fall direkt mit medialen Informationen gelöst worden.

*MZ:* In meinen Büchern schreibe ich immer wieder, dass mediale Hinweise, egal wo, als ergänzende Quellenbeschaffung sehr hilfreich sein können. Was halten Sie von dieser Aussage?

*RW:* Finde ich richtig! Ich finde es falsch, sich nur auf eine Technik zu verlassen. Eine Kombination ist meiner Ansicht nach das Beste. Nichts spricht dagegen, die verschiedenen Techniken auszuprobieren, um zu sehen, wie diese zusammen funktionieren könnten.

MZ: Was könnte man tun, damit Hellseher in Ihrem Fach ernster genommen werden?

RW: Für einen Laien ist es schwierig, zu unterscheiden, welcher Hellseher seriös ist und welcher nicht. Im esoterischen Bereich besteht eine Überflutung. Dort einen Überblick zu behalten ist nahezu unmöglich. Im Fernsehen gibt es einzelne Persönlichkeiten, die sehr bekannt sind und meiner Meinung nach dem Ruf des seriösen Hellsehers eher schaden.

Es fehlt ein konkretes Qualitätsmerkmal und es setzt voraus, dass man sich mit dem Thema auseinandersetzt.

MZ: Gibt es bei fedpol so etwas wie eine Liste vertrauenswürdiger Hellseher, die bei Bedarf angefragt werden können?

RW: Nein, dafür haben wir eine sehr lange Dolmetscherliste von etwa 300 Personen, die sehr viele Sprachen und Dialekte abdecken.

MZ: Könnten Sie sich vorstellen, dass man eines Tages Polizeiaspiranten im Bereich der Intuition ausbildet?

RW: Es würde bestimmt nicht schaden, wenn sich Auszubildende mit dem Thema auseinandersetzen. Intuition ist eine menschliche Fähigkeit und sich deren bewusst zu werden kann überall sehr hilfreich sein. Gerade wenn es um die »Spürnase« des Polizisten geht, der den richtigen Riecher haben soll und in seiner Arbeit auch ein Stück weit darauf angewiesen ist.

MZ: Frau R. W., ich danke Ihnen für das interessante Gespräch und wünsche Ihnen viel Erfolg in Ihrer Arbeit!

# Der tote General

Sämtliche in meinen bisherigen Büchern beschriebenen Beispiele waren abgeschlossene Fälle. In diesem Kapitel möchte ich nun von einem Fall reden, der während des Schreibens dieses Buches wieder neu aufgetaucht ist, sich weiter entwickelte und je nach Verlauf irgendwann abgeschlossen wird oder auch nicht. Sollte er bald zu einem Ende kommen, kann ich bis zur Drucklegung des Buches noch eine Schlussfolgerung ziehen. Passiert das nicht, hat der Leser zumindest die Möglichkeit, den Fall weiter zu verfolgen.

Den Anfang des Berichtes habe ich auf den Seiten 124–126 meines Buches *Hellsichtig*, das 2010 im Giger Verlag erschienen ist, dargestellt. Für alle neuen Leser drucke ich hier den Anfang der Geschichte noch mal ab.

## Der Libanonkonflikt im Mai 2008

Medialität ist wie einige andere Mittel eine gute Unterstützung im täglichen Leben. Aber auch mediale Menschen sind nicht perfekt. Fehler kommen genauso vor wie in anderen »Berufsgattungen«. In den bisherigen Kapiteln beschrieb ich, wie sich Visionen, Bilder und bewegte Sequenzen vor meinem geistigen Auge darstellen. Sie sind eine wichtige Grundlage für die mediale Arbeit. Analyse und Interpretation dieser Sequenzen aber sind eine Kunst, die

Feingefühl und Erfahrung verlangt. Am sichersten ist es, Visionen so wiederzugeben, wie sie empfangen wurden. Meist wird jedoch vom Kunden eine Interpretation verlangt. Aber Vorsicht, diese kann durch subjektive Eindrücke wie persönliche Erfahrungen, Unsicherheiten und Erwartungen beeinflusst sein. In diesem Kapitel beleuchte ich die Kunst der Analyse und weise auf mögliche Fehlerquellen hin.

Israel griff im Sommer 2006 den Libanon an. Damals lebte ich in New York und war dem unangenehm feuchtheißen Sommer ausgesetzt. An dem politischen Konflikt interessiert, versuchte ich, nach Israel oder in den Libanon zu reisen, da ich den Krieg vor Ort für Presse, Politiker oder Militär analysieren wollte. Ich kontaktierte verschiedene Pressestellen, versuchte, mit Botschaften in Verbindung zu treten und über Einzelpersonen eine Möglichkeit zu bekommen, in den Nahen Osten zu reisen. Da das aber alles nicht klappte, musste ich mich mit einer Kriegsprognose für Univision, dem bekanntesten spanischsprachigen Fernsehsender der USA, begnügen. Meine Prognosen waren, wie praktisch immer in solchen Fällen, richtig.

Ein Jahr später, im Oktober 2007, zog es mich nach einer medialen Inspiration unerwartet in den Nahen Osten. Beirut öffnete sich mir jetzt auf natürliche und spontane Weise und ich zog in den Libanon. Nach fünfzehn Jahren in Südamerika empfand ich es als persönlich und beruflich spannende Herausforderung.

Bei meiner Ankunft glich der Libanon einem Pulverfass. Es kam immer wieder zu gezielten Morden an Politikern. Eines dieser Attentate inspirierte mich auch, weiter an diesem Buch zu schreiben. Seit 2006 hatte ich die ersten

Ideen und entwickelte ein Konzept. Leider aber fehlte mir immer wieder die nötige Inspiration zum Schreiben, ich setzte mich immer wieder vergeblich vor meinen Laptop.

Am 12. Dezember 2007 lag ich lesend auf dem Bett, als eine heftige Explosion zu spüren war. Meine Haushälterin teilte mir mit, eine Bombe sei explodiert. Wir schalteten den Fernseher an und sahen nach wenigen Minuten Bilder vom Anschlag. François el-Hajj, ein hoher Militär mit starker antisyrischer Einstellung, war mit drei weiteren Personen getötet worden. Viele andere unschuldige Passanten wurden verletzt. Während die dramatischen Bilder des Anschlags im Fernsehen liefen, spürte ich in mir den über Monate gesuchten kreativen Samen erwachen und begann am selben Tag zu schreiben.

Basel/Schweiz, 23. Febuar 2012

Am frühen Nachmittag erreichte mich eine E-Mail aus Beirut. Eine Dame bat mich um Hilfe. Eine sehr gute Freundin von ihr stand einem General, der bei einem Anschlag umgekommen sei, sehr nahe. Der hohe Militär sei dabei getötet worden. Der Name des Generals war François el-Hajj! Die Freundin und andere Leute bäten um meine Analyse, um zu sehen, wer in das Attentat involviert gewesen sein könnte.

Der Name kam mir bekannt vor. Ich war fasziniert! Es handelte sich um niemand anderen als um jenen General, der am 12. Dezember 2007 ermordet wurde und der mich indirekt zum Schreiben meines Buches *Hellsichtig* anregte.

Noch am Abend schrieb ich der Dame, um ihr meine Bereitschaft, den Fall übernehmen zu wollen, auszudrücken. Ich teilte ihr mit, dass in Basel vom 26. bis 29. März

Fasnacht (Fasching) sei. Meine Frau und ich würden daran teilnehmen. Ich schrieb ihr, dass es mir erst nach Fasnacht möglich sei, mich um den Fall zu kümmern.

Basel, 1. März

Fasnacht ist vorbei, ich bin wieder »einsatzbereit«. Ich schrieb der Dame, dass mir der Fall vertraut sei. Ich erklärte ihr auch wieso. Ich schickte ihr den Auszug aus dem Buch, der meine Erlebnisse um das Attentat beschreibt. Natürlich übersetzte ich ihr den Text, Deutsch kann sie nicht.

Nach einer gemütlichen Fahrradfahrt durch den Wald hinter unserem Haus öffnete ich meine E-Mails, um zu sehen, ob Neuigkeiten aus Beirut eingetroffen sind. Tatsächlich! Zwei E-Mails sogar! Die eine von der Dame, die mich kontaktierte hatte, und die zweite von ihrer Freundin. Diese war sehr froh, dass ich den Fall übernahm, und bat mich, vorsichtig zu sein. Schließlich handelt es sich um ein delikates Thema!

Am 2., 3. und 4. März gab ich Seminare in Basel und Zürich. Ich versprach den Damen, mich am Montag oder spätestens Dienstag, um den Fall zu kümmern!

Ich war selber sehr gespannt auf meine Analysen. Genau drei Wochen später würde ich wieder in Beirut sein. Natürlich würde ich die Damen treffen, um den Fall zu besprechen!

Basel, 7. März, 08:50 Uhr

Im Internet suche ich nach Fotos vom General. Für meine Analysen reicht es, wenn ich eine Fotografie vor mir habe. Auf Google gebe ich den Namen ein. Dort tauchen viele Fotos auf.

Das Foto eingehend betrachtend, überlegte ich mir, was mir zu dem Fall einfällt. Während meiner Zeit in Beirut hatte ich mich viel mit dem Attentat auseinandergesetzt. Der General war sehr antisyrisch und anti-Hisbollah. Ich erinnere mich, dass in der Presse spekuliert wurde, dass er von syrischen Agenten oder Kollaborateuren umgebracht wurde.

Ich sah mir das Foto an und lehnte mich zurück. Bilder zogen vor meinem inneren Auge vorbei. Diese schrieb ich mir auf. Später schickte ich meiner Kundin folgende E-Mail:

People involved in the killing where close to him. He know them very well. It was about revenge. It was not a Syria against Lebanon issue but an internal power issue and it was revenge people toke on him.

I feel a man. He was very very close to him and helped to kill him. The murders don't have to be searched behind the political enemy lines but on his side. It was about power inside the military. His enemies wanted it to appear like a political assassination from the enemy (Syria, Hiz) but it is not.

If it is about resolving the case then people very close to him have to be investigated. Don't look too far if what you are searching is just in front of you.

*(Die in den Mord involvierten Personen standen ihm sehr nahe. Er hat sie sehr gut gekannt. Es handelte sich um Rache. Es ging nicht um den Machtkampf zwischen Syrien und Libanon. Es war ein interner Machtkampf, Rache die ausgeübt wurde.*

*Ich fühle einen Mann. Dieser stand dem General sehr nahe und hat geholfen, ihn zu töten. Die Mörder müssen nicht hinter feindlicher Linie gesucht werden. Seine Gegner wollten es nach einem rein politisch motivierten Mord aussehen lassen.*

134

*Will man den Fall auflösen, so sollten Personen aus seinem Umfeld untersucht werden. Sucht nicht in der Ferne, ihr findet, was gesucht wird, vor euch.)*

Dann wartete ich ab, sehr gespannt auf die Antwort.

Basel, 7. März, 16:36 Uhr
Die Antwort ließ nicht lange auf sich warten. Mein Kontakt dankte mir für die Analyse. Meine Hinweise würden internen Vermutungen entsprechen. Ich wurde gebeten, den Fall zu vertiefen. Um weitere Einzelheiten wurde gebeten.

Basel, 8. März, später Nachmittag
Ich schrieb, dass ich die Familie in Sicherheit sehe. Außerdem schrieb ich ihr, was ich über sie sehen würde und welches ihre nächsten wichtigen Schritte seien.

Noch am selben Abend erhielt ich eine Rückmail. In dieser wurde ich um zusätzlich Hinweise zu den Personen gebeten, die ihm nahestanden und ihn verraten haben.

Basel, 10. März, über Mittag
Das Risiko, per E-Mail involvierte Militärs zu nennen, war mir zu riskant. Ich bot meiner Kontaktperson in Beirut an, bei einem persönlichen Treffen im Libanon das Thema zu vertiefen.

Ab dem 29. April wäre ich für fünf Tage in Beirut und würde Zeit für ein Treffen haben.

Nach weniger als einer Stunde erhielt ich bereits eine Antwort auf meine letzte E-Mail. Wir waren beide der Ansicht, dass dies der sicherste Weg sei, um den Fall voranzutreiben.

Istanbul, 25. März am späten Abend
Die Nacht kehrte ein über dem Bosporus. Die Einzigartigkeit der weltweit einzigen Stadt, die auf zwei Kontinenten steht, hatte mich in ihren Bann gezogen. Unter anderem bin ich hier, um ein weiteres Kapitel über Kraftorte zu schreiben. Istanbul ist, wie leider nur wenige Menschen wissen, einer der kräftigsten in Europa.

Ich teilte Beirut mit, dass ich schon bald in der Stadt sein würde, und schlug vor, ein Treffen konkret auszumachen. Auf jeden Fall wollte ich genügend Zeit haben, mich um diesen spannenden Fall kümmern zu können. Nach weniger als zwei Stunden erhielt ich eine Antwort. Es wäre besser, so meinte die Person in Beirut, dass wir uns allein und nicht an einem öffentlichen Ort treffen würden. Wir machten ein erstes Treffen für den 30. aus, beim Frühstück in einem Restaurant in Hamra, dem moslemischen Stadtteil Beiruts. Dort könnten wir dann über einen zweiten Treff reden. Dieser würde an einem sicheren Ort sein, an dem wir ungestört sprechen könnten.

Beirut, 30. März, Frühstück
Heute traf ich meinen Kunden zum Frühstück. Wir sprachen über Gott und die Welt, Arbeit, Beirut, Spiritualität und meine Seminare in Beirut. Auf dem Rückweg fuhr sie mich ins Hotel. Im Auto sprachen wir über den Fall. Ich erfuhr weitere Einzelheiten, die für mich wichtig sind und sich exakt mit dem von mir Gesehenen deckten.

Ich wurde gebeten, weitere Punkte zu analysieren. Unter anderem interessierte die Person, wer die internen Gegner sein könnten, die den General 2007 umgebracht haben.

Wir einigten uns darauf, uns am kommenden Dienstag, dem 3. April, um 16 Uhr bei mir im Hotel zu treffen. In meinem Zimmer könnten wir ungestört die noch offenen Punkte besprechen.

Beirut, 3. April, 16 Uhr Hotel Napoleon

Fast pünktlich zur abgemachten Minute klopfte es an meiner Hoteltür, die ich öffnete, um meinen erwarteten Gast hereinzulassen. Wir setzen uns an den Tisch und tauschten wenige Worte zum vergangenen Wochenende aus. Sonntag war Palmsonntag gewesen, für die Christen im Libanon ein wichtiger Tag. An den Kirchen hingen Palmblätter, die den meist sehr rustikalen Gebäuden einen frischen Anstrich gaben.

Ich wollte von meinem Gegenüber erfahren, was er genau wissen möchte. Etwas nervös erzählte er mir, dass er vor wenigen Tagen einen Bekannten getroffen hätte, der ebenfalls in den Fall verwickelt ist. Er teilte diesem meine medialen Eindrücke mit, ohne preiszugeben, woher die Informationen kamen. Der andere Herr muss sehr beeindruckt gewesen sein, wollte unbedingt wissen, wer die Quelle dieser Einzelheiten sei. Mein Gast wollte jedoch noch nichts Genaueres sagen.

Ich erhalte weitere Einzelheiten zum Fall von ihm und werde gebeten, die Situation jetzt zu analysieren. Interessanterweise hatte ich die Richtung der neuen Informationen bereits erahnt und war vorbereitet.

In den folgenden dreißig Minuten vertiefte sich unser Gespräch. Ich gebe meine medialen Eindrücke wieder, konzentriere mich auf Personen, deren Namen genannt werden und mir sogar teilweise bekannt waren.

Zum Schluss des Gespräches einigten wir uns darauf, via E-Mail weiterhin in Kontakt zu bleiben. Mein Gegenüber wird im richtigen Moment mit meinen Informationen auf den Bekannten, der ebenfalls involviert ist, zugehen. Wir analysierten die nächsten Schritte und mahnten beide zur Vorsicht.

Mein Kontakt war beim Abschied beeindruckt. Meine Hinweise sprachen gegen die öffentliche Meinung des Anschlags, deckten sich jedoch mit den Erkenntnissen, die hinter verschlossenen Türen gehandelt würden. Prekär am Fall ist, dass, so wie es aussieht, noch aktive Politiker in den Fall verwickelt sind.

Wir verblieben, dass wir via E-Mail in Kontakt bleiben würden. Im Moment musste man abwarten, um zu sehen, wann Handeln angesagt war. Vielleicht, so hofften wir, kommen neue Einzelheiten von allein ans Tageslicht.

Man darf gespannt bleiben und sollte den Fall unbedingt weiter verfolgen!

# Mediale Sherlock Holmes

Die Kraft der Intuition ist heute weitverbreitet und wird in praktisch sämtlichen Lebenssituationen eingesetzt. In der Kunst, aber auch bei alltäglichen Situationen kann die Intuition nicht mehr weggedacht werden.

Medialität hat ohne Zweifel viel mehr Möglichkeiten, als dem Großteil der Bevölkerung bewusst ist und von ihr akzeptiert wird.

Die Intuition kann einem Schnüffelhund gleich dem menschlichen Auge unsichtbare Spuren zeigen. Nicht selten logischen Analysen entgegenstehend, zeigt sich nachträglich die Richtigkeit intuitiver Hinweise.

Bei meiner Arbeit gehe ich von einer Richtigkeit von ungefähr achtzig Prozent aus. Lege ich meine intuitiven Fakten auf den Tisch, so bin ich immer davon überzeugt, dass zumindest ein großer Teil meiner Analysen richtig ist. Es wäre allerdings übertrieben, ja überheblich, zu glauben, meine Hinweise seien unfehlbar.

Möchte ein Interessent sein intuitives Talent zur Spurensuche einsetzen, sollte man zuerst erkennen, welche Themen einen am meisten ansprechen. Persönliche Interessen lassen sich mit der intuitiven Nase bestens verbinden. Fehlt das Interesse an einem bestimmten Thema, sind meistens die Resultate auch nicht so überzeugend. Auch hier gilt wie überall im Leben: Nur wer mit Leib, Seele und Herz bei einer Sache dabei ist, kann auch erfolgreich sein.

In meinen Seminaren und auch bei mir selber sehe ich immer wieder, wie wichtig persönliches Engagement für die mediale Arbeit ist. Fehlt der persönliche Draht zu einem Thema oder einem Gebiet, fehlt oft auch das Herz. Fühle ich, dass bei einem Auftrag mein persönliches Interesse nicht vorhanden ist, so gebe ich den Fall lieber weiter.

Leider bewegen sich viele unseriöse Sherlock Holmes auf dem Parkett der Medialität und machen es dem Profi schwer, sich durchzusetzen. Taucht zum Beispiel ein Vermisstenfall in der Presse auf, finden viele E-Mails ihren Weg zu mir. Deren Verfasser teilen mir mit, dass sie von der vermissten Person träumen und um Hilfe gebeten wurden. Andere sprachen mit der toten Großmutter der verschwundenen Person und geben an, die nötigen Informationen zur Lösung des Falles beitragen zu können.

Ich verweise die Sender jener E-Mails immer an die Polizei, es läge nicht in meiner Verantwortung, ein Sammelbecken für sogenannte mediale Informationen zu sein. Öfter musste ich schmunzeln, wenn ich mir die zuständigen Beamten vorstellte, die diese Fälle bearbeiten und die vermutlich unzählige solcher E-Mails erhalten.

Ich wende mich nur Fällen zu, bei denen ich direkt um Mithilfe gebeten werde. Es ist aus meiner Sicht Zeitverschwendung, sich um Fälle zu kümmern, die nicht offen sind für mediale Hinweise. Bei sehr populären Fällen gehen Hunderte von Briefen ein. Da gehen die Spuren eines Hellsehers bestimmt sehr schnell unter.

Auch aus dem oben erwähnten Grund der persönlichen Identifizierung mit einem Fall ist es für mich wichtig, um Hilfe angefragt zu werden. Bei mir auf dem Schreibtisch stapeln sich fast täglich neue Anfragen für die unterschiedlichsten Fälle. Es ist daher nur zu verständlich, dass ich mich erst um diese kümmern muss. Daher bleibt mir keine Zeit für Fälle, zu denen ich nicht angefragt werde.

Der interessierte »Psychic Detectiv« muss seine Ansprüche hoch stellen. Nicht moralisch, mit dem Gedanken, die Welt retten zu wollen. Er muss seine Technik kennen, erfahren und getestet haben. Er muss seine Analysen mit Fakten vergleichen, um die Informationen, die er hat, passend weitergeben zu können. Es kommt sehr oft vor, dass intuitive Hinweise richtig sind, deren Sprache oder Bilder aber nicht der Realität angepasst wurden und somit von den zuständigen Personen nicht verstanden werden konnten. Ein Traum allein reicht normalerweise nicht, um einen Fall lösen zu können.

Je klarer die Verbindungen zwischen medialer Information und bekannten Tatsachen gezeigt werden können, desto effektiver können die Hinweise verarbeitet werden.

Emotionale Involvierung in einen Fall ist normalerweise kein guter Zug. Möchte man sich um einen Fall kümmern, weil man so sehr mitleidet, lässt man besser die Finger davon. Emotionen verfälschen die Bilder und führen zu unüberlegtem Handeln. Je neutraler und distanzierter ein Fall angegangen werden kann, umso besser. Unter Umständen ist es sogar hilfreich, sich vor einer Analyse bewusst emotional zurückzuziehen. Vielleicht kann man die Person(en), um die es geht, als Objekt visualisieren.

Ein Fall kann nun sachlich angegangen werden. Die Tragik, die meistens hinter solchen Fällen steckt, kann so in den Hintergrund gedrängt werden. Nach Abschluss der Analyse darf oder muss man den Fall wieder »vermenschlichen« und man kann die Informationen mitteilen.

Es empfiehlt sich, immer wieder Pausen einzulegen. Täglich einen Fall immer wieder und wieder zu untersuchen ist kontraproduktiv. Erstens fehlt die nötige Distanz und zweitens wird es schwieriger, die verschiedenen Bilder einordnen zu können.

Zudem können einem Veränderungen entgehen. Handelt es sich bei dem »Objekt« zum Beispiel um eine vermisste Person, so ist es sehr gut möglich, dass diese von Ort zu Ort gebracht wird, um die Suche zu erschweren. Hängt der mediale Sherlock Holmes zu nahe am Fall, so können ihm solche Veränderungen entgehen, da er zu stark an den Bildern des alten Ortes hängt. Umso mehr darf der Analytiker auch nicht erstaunt sein, wenn seine Bilder sich plötzlich verändern. Umgebungsbeschreibungen können sich von einem Tag auf den anderen verändern, wird eine Person verlegt.

Ich habe immer wieder Fälle, in denen die Bilder sich für mich nicht einordnen lassen. Oft, weil sie sehr gegensätzlich sind und sich nicht zusammenführen lassen. Erst später, wenn der Fall überblickt und rückschlüssig analysiert werden kann, ergeben die Bilder plötzlich einen Sinn.

Oberstes Gebot ist Vertrauen in die gesehenen Bilder. Aber nicht, weil sie unfehlbar sind. Vertrauen in die Bilder ist wichtig, weil sie Situationen oder Umgebungen darstellen können, die logisch nicht nachvollziehbar sind.

Ich teile meinen Kunden immer mit, dass meine Bilder, wie alles andere auch, nicht ganz fehlerfrei sein müssen. Gebe ich Bilder weiter, so sage ich dem Kunden, dass meine Bilder dem entsprechen, was ich medial sehe. Manchmal sagt der Kunde dann, dass diese Bilder nicht zur bekannten Situation passen. In dem Fall erwidere ich, dass dies meine

Bilder seien und meine Arbeit ja auch dazu dienen solle, unbekannte mögliche Faktoren aufzuspüren.

Ich lege meine Analysen wie eine Landkarte auf den Tisch. Dem Kunden bleibt es überlassen, wie er mit dieser Karte umgehen möchte.

Eindrücklich für den Kunden sind natürlich jene Fälle, die nachträglich zeigen, dass meine »unlogischen« Bilder zum Schluss richtig waren. Sehr oft ist es der erst sehr ungläubige Kunde, der dank seiner gemachten Erfahrung erkennt, dass Medialität funktionieren kann. Viele meiner heute treuesten Kunden waren zu Beginn unserer Zusammenarbeit sehr skeptisch.

# Im Zweistromland
# Mesopotamien

Am 25. Mai befand ich mich in einem Zug von Basel nach Genf. Ich war leicht nervös und voller Tatendrang. Keine andere Reise, die ich in den letzten Jahren unternahm, benötigte so eine lange Vorbereitungszeit und Organisation, um überhaut stattzufinden.

Fast auf den Monat vor zwei Jahren lernte ich über das Internet Laith Muhammad kennen. Damals recherchierte ich über Remote Viewing im Nahen Osten und Zentralasien. Ich war überrascht, als ich las, dass es in Bagdad eine Person gibt, die intuitiv arbeitet.

Umgehend schrieb ich Laith, worauf sich sehr schnell eine interessante Freundschaft entwickelte.

Wir tauschten uns aus, erzählten uns von unseren Arbeiten in verschiedenen Kulturen. Ich erfuhr, dass Laith in seinem Heimatland für das Olympische Komitee arbeitet. Medial analysiert er Sportler, um deren Leistungen zu fördern.

Der Irak interessierte mich schon sehr lange. Seit meiner Kindheit wurden uns Märchen aus dem Land von 1001 Nacht erzählt, ich sah Filme über die Hängenden Gärten oder über Aladin. Später las ich viel über den Iran/Irak-Krieg und fühlte Mitleid mit einem Volk, das so viel Wissen in sich trägt und durch Kriege und Diktatur in die Steinzeit zurückgeworfen wurde.

Dank Laith wurde mir das Land wieder nähergebracht. Nicht wie früher durch Märchen oder Politik, sondern durch die Spiritualität und die Kraft der Intuition, die bestimmt auch Laith und mich zusammenführte.

Bereits 2011 hatten wir die Idee, eines Tages meine Arbeit in Bagdad zu präsentieren. Leider wurde dieses Vorhaben durch die politische Lage immer wieder zunichtegemacht. Dennoch spürten wir beide, dass es wichtig war, am Ball zu bleiben. Eines Tages würde es bestimmt möglich werden, so waren wir überzeugt.

Als ich Ende 2011 für die libanesische Zeitschrift *L'HEBDO* eine Analyse für das kommende Jahr machte, kam der Irak auch als Thema vor. Die Journalistin wollte wissen, ob ich den Irak 2012 in einem Bürgerkrieg sehe. Die Veröffentlichung sprach gut über den Irak. Ich sah die politische Lage stabil(er) bleiben und wirtschaftlich beschrieb ich den Irak als Goldmine.

Meine Analysen regten Laith und mich an, einen weiteren Versuch zu unternehmen! Bleibt 2012 stabil, durfte keine Zeit verschwendet werden.

Laith sprach mit seinem Arbeitgeber, dem Olympischen Komitee, und der Stadtregierung. Beide Stellen waren an meiner Arbeit interessiert und wollten, dass ich Vorträge für Athleten und Lehrer an Universitäten gebe.

Obwohl der Irak politisch stabiler ist als zum Beispiel Afghanistan, war es um einiges komplizierter, diese Reise zu organisieren als meinen Besuch in Kabul. Die nächste Hürde war meine Sicherheit. Obwohl Entführungen nicht wie in Afghanistan täglich vorkommen, wollten wir kein Risiko eingehen. Laith arbeitete Wochen und Monate an den Vorbereitungen.

Es galt, mein Visum zu bekommen, Leibwächter zu organisieren, sicherzustellen, dass während meines Besuches nicht irgendwelche Wahlen stattfinden, die wiederum Terroristen nutzen könnten, um Chaos zu veranstalten.

Zudem musste mit den Verantwortlichen an Universitäten gesprochen werden, um ihnen meine Arbeit näherzubringen.

Plötzlich, Anfang Mai, ging alles Schlag auf Schlag. Der erhoffte Durchbruch war geschafft! Knapp zehn Tage nachdem sämtliche Sicherheitsfragen geklärt waren, saß ich im Zug von Basel nach Genf. Ich war etwas nervös und voller Tatendrang.

Geplant waren mehrere Vorträge in Bagdad und Babylon, vielleicht auch ein Seminar. Organisatorisch waren die Vorbereitungen sicherlich eine Herausforderung. Laith spricht nur sehr wenig Englisch und mein Arabisch beschränkt sich auf weniger als zehn Worte. Unsere bisherige Kommunikation geschah mittels Übersetzungsprogrammen im Internet.

Ich war sehr gespannt auf die kommenden fünf Tage im ehemaligen Mesopotamien. Mein Flug nach Bagdad ging über Abu Dhabi in den Arabischen Emiraten.

Unser Pilot mit spanischem Akzent kündigte uns kurz vor der Landung Wetter und lokale Zeit im Irak an. Wie üblich hatte ich einen Fensterplatz und sah gespannt aus dem Fenster. Die Landschaft sah ernüchternd sandig und trocken aus. Hängende Gärten konnte ich mir in dieser Wüste nur schwer vorstellen.

Gleich nach dem Verlassen des Flugzeugs sprach mich ein etwa fünfzigjähriger Mann an. Ob ich Martin Zoller sei, wollte er wissen und stellte sich als Freund Laiths und Mitglied der Lokalregierung vor. Sein Englisch war perfekt, ich war erleichtert.

Kareen, so hieß der Mann, führte mich zur Immigrationsstelle und besorgte mir das Einreisevisa.

Kurz darauf tauchte Laith auf. Wie alte Bekannte umarmten wir uns, fuchtelten mit Armen, Händen und Fingern durch die Luft und verständigten uns mit den wenigen Worten, die uns zur Verfügung standen. Viele Worte brauchten wir auch nicht, unsere Kommunikation funktionierte auch ohne sehr gut. Nach zwei Jahren E-Mails und Skypen standen wir uns endlich gegenüber.

Der Flughafen ist klein und schien mir relativ ruhig und sicher. Erst bei der Rückreise verstand ich warum. Hermetisch abgeriegelt, gleicht der Flughafen einem Hochsicherheitsgefängnis oder einer Festung.

Wir fuhren zur Universität. Dies, so wurde mir versichert, sei sicherer als in einem Hotel. Tatsächlich wird die Universität strengstens bewacht. Zudem ist die Möglichkeit eines Anschlages in einem Hotel mit Ausländern größer als in der Universität. Das Guesthouse der Universität war sauber und ordentlich.

Wir trafen uns dort mit zwei Professoren der Universität und gemeinsam gingen wir irakisch essen. Das Essen war reichhaltig und sehr gut.

Meine ersten Eindrücke vom Land waren sehr positiv. Ich fühlte mich sicher und gut aufgehoben. Die Menschen waren sehr freundlich, aufmerksam und gebildet.

Am zweiten Tag hielt ich an der Universität für Sportstudenten und Professoren einen Vortrag über Intuition im Sport. Vor Ort war ebenfalls die Presse, die über den Anlass berichtete. Zum Schluss des Vortrages gab es über eine Stunde Fragen und Antworten. Teilweise waren die Fragen sehr kritisch, die meisten aber waren offen und sehr interessiert.

Am Abend besuchten wir einen Bekannten meiner neuen Freunde. Dieser, so wurde mir gesagt, hätte lange in Deutschland gewohnt. Tatsächlich sprach er perfekt Deutsch. Beide waren wir froh, Deutsch zu sprechen, und gemeinsam sahen wir auf ARD in deutscher Sprache das Länderspiel Schweiz gegen Deutschland. Lustigerweise fand dieses in Basel statt. Die Schweiz gewann, womit der Tag für mich einen glorreichen Abschluss nahm.

Am kommenden Tag wurde ich abgeholt. Laith, Kareen und bewaffnete Leibwächter fuhren mich zum Girls College of Physical Education. Die Schule wurde, da für Mädchen, sehr stark bewacht.

Das Thema des heutigen Vortrags war Intuition – human higher intelligence (Intuition – höhere Intelligenz). Der Saal war gefüllt mit Schülern, Lehrern und einigen Journalisten. Meine Übersetzer waren zwei meiner Begleiter, ein Lehrer und Kareen.

Alle waren sehr zufrieden mit dem Vortrag. Anschließend war es für mich interessant, durch die Stadt zu fahren. Sie glich einer großen Festung. Überall gab es Checkpoints, Militär- und Polizeikonvois rasten vorbei. Militärhelikopter ratterten, großen Insekten gleich, am Himmel, Panzer und Pick Up's mit schweren Geschützen stehen regelmäßig am Straßenrand und passen auf, dass nichts passiert.

Als ich sagte, dass ich mich dank der unzähligen uniformierten Männer sehr sicher fühlen würde, wurde das schnell relativiert. Viele Soldaten seien sehr korrupt oder gehörten irgendeiner der unzähligen Milizen an. Sie würden nicht selten Leute entführen, bestechen, bedrohen oder gar Anschläge unterstützen. Die Lage im Land ist trotz der momentanen Ruhe sehr fragil.

Zu Abend aßen wir in einem wunderbaren Fischrestaurant am Tigris. Dieser ist 1900 Kilometer lang, entspringt in der Türkei, fließt durch Syrien und den Irak. Hier vereinigt er sich mit dem Euphrat und fließt schließlich in den Persischen Golf. Dank dem Tigris und Euphrat nennt man die Gegend im Irak auch Zweistromland. Einige der ersten Hochkulturen entwickelten sich hier. Leider sieht man heute davon nichts mehr.

Ich sah auf den Fluss, blickte in den Sternenhimmel und grüßte den Mond. Es schien mir wie in einem Traum. Ich war im Lande Aladins, dem Ursprung von 1001 Nacht, der Wiege unserer Kulturen!

Würden politische Realitäten den magischen Traum nicht immer wieder zerreißen, so könnte man hier verzaubert werden! Und trotzdem ist es der sensitiven Spürnase möglich, mitten in diesem Chaos, dem täglichen Überlebenskampf, die Quellen dieses Wissens noch zu erschnuppern.

So richtig wahrnehmen konnte ich dies leider erst am vierten und letzten Tag meiner Irakreise. Geplant waren ein Vortrag in Babylon und ein Besuch der alten Ruinenstätte.

Mit einem Konvoi, bestehend aus vier Fahrzeugen, fuhren wir durch das berüchtigte Dreieck des Todes. Hier lieferten sich während des Krieges Milizen, die irakische und ausländische Armeen erbitterte Schlachten. Wie üblich bezahlte den höchsten Preis die Zivilbevölkerung. Meine Mitfahrer erzählten mir von den Gefechten, die bis vor wenigen Jahren hier stattfanden. Bis vor zwei Jahren, so wurde mir gesagt, wäre es unmöglich gewesen, das Gebiet zu durchfahren. Heute ist die Straße von Bagdad nach Babylon vom Militär gesichert. Mehrmals überholten wir Konvois mit weißen Söldnern. Obwohl deren Ruf nicht der beste ist, gab mir ihre Anwesenheit ein Gefühl der zusätzlichen Sicherheit. Zu Beginn des Irakkrieges lebte ich noch in Bolivien. Drei Freunde von mir begaben sich damals als sogenannte Contractors (Söldner) für eine private Firma in den Irak. Als sie wieder zurück waren, zeigten sie mir Fotos ihrer Abenteuer und erzählten mir von ihrer Arbeit.

Ich wusste daher, wie solche Männer arbeiteten und wie sie sich benahmen. Dennoch war ich froh zu wissen, dass im schlimmsten Fall Söldnertruppen in der Nähe unseres Konvois fuhren.

Die Fahrt nach Babylon war sehr interessant. Die Landschaft, die ich bisher nur aus den Nachrichten kannte, zog an mir vorüber. Fuhren wir an Siedlungen vorbei, so fühlte ich Mitleid für die Bewohner. Ich wollte mir nicht vorstellen, was diese Menschen in den letzten Jahren alles erleben mussten. Die Landschaft, die einfache Architektur und vorbeiziehende Kamelkarawanen faszinierten mich.

In der Universität angekommen, wurden wir zum Rektor geführt, danach in den Vortragsaal gebracht. Mein heutiges Thema: Intuition, Aura und die Kraft der Intuition im Sport.

Nach dem Vortrag fuhren wir in ein Restaurant. Unsere Gruppe von vielleicht fünfzehn Personen vergrößerte sich und wuchs auf etwa dreißig Personen an. In einem für mich erstaunlich modernen Restaurant mitten in Babylon nahmen wir ein gutes Essen zu uns.

Gesättigt fuhren wir dann zu den berühmten Ruinen von Babylon am Euphrat. Die Ruinen wurden Anfang des 20. Jahrhunderts teilweise freigelegt. Wie üblich geht man auch hier davon aus, dass die freigelegten Ruinen nur ein Bruchteil der gesamten Anlagen waren. Babylon war die

Hauptstadt des gleichnamigen Stadtstaates. Verschiedene Hochkulturen nutzten Babylon als Hauptstadt. Es gäbe konkret drei wichtige Ruinenstädte, eine über der anderen. Alexander der Große eroberte die Stadt, zog als Befreier ein und verstarb hier 323 vor Christi.

Die Umgebung strahlt eine unglaubliche Kraft aus! Leider sind die Überreste sehr vernachlässigt. Tourismus gibt es so gut wie keinen, Geld fehlt überall.

Hinter den Ruinen auf einem Hügel ragt ein ehemaliger Palast von Saddam Hussein. Wir besuchten ihn, der Reichtum, in dem Saddam und seine Familie lebten, kann nur noch erahnt werden. Amerikanische Soldaten hätten, so wurde mir erzählt, den Palast wie so vieles andere geplündert.

Heute sprechen übrigens nur noch sehr wenige Menschen gut von den Amerikanern. Jene, die von der Besatzung profitierten, würden natürlich nie reklamieren. Der normale Bürger aber sieht sich betrogen und bestohlen. Ein Lehrer sagte mir resigniert, dass sie immer nur vom Reichtum ihres Landes in der internationalen Presse lesen würden. Davon etwas sehen oder abbekommen würden sie nicht.

Tatsächlich habe ich mich mehrmals gefragt, wohin die Milliarden von Dollars für den Erdölverkauf gehen würden. Bagdad ist schmutzig, die Infrastruktur funktioniert nur sehr schlecht, die Straßen sind unter jeder Würde und moderne Gebäude sieht man so gut wie keine. Ein wunderbares Beispiel für diese Umstände ist das Gebäude des Erdölministeriums. Der Komplex thront, umgeben von elenden und ärmlichen Gebäuden, wie ein Palast mitten in der Stadt.

Zurück in Bagdad, fuhren wir in die Universität. Ich packte und verbrachte meine für den Moment letzte Nacht im Irak. Das Land, seine Leute, die Kultur und die Gastronomie haben mich begeistert.

Die Reaktionen auf meine Vorträge waren sehr gut. Obwohl es mit der Übersetzung nicht immer so einfach war, konnte ich mich sehr gut ausdrücken und wurde, so glaube ich zumindest, auch gut verstanden.

Meine Befürchtung, dass mein Publikum dem Thema Intuition gegenüber verschlossen sein würde, zerstreute sich bereits am ersten Tag. Selten habe ich so offene Menschen erlebt, konnte ich mich von Beginn an so offen und frei ausdrücken. Im Gegensatz zur kopfgesteuerten Kultur Mitteleuropas wirkte es befreiend, mich mit »normalen« und emotional offenen Menschen unterhalten zu können.

Bereits jetzt freue ich mich auf meinen nächsten Besuch im Irak. Mit schwerem Herzen verabschiedeten wir uns voneinander. In nur fünf Tagen habe ich viele neue Menschen kennen- und lieben gelernt. Vollgepackt mit einzigartigen Erinnerungen und vielen Geschenken, wurde ich zum Flughafen gefahren.

Gepäck und Menschen wurden mehrmals kontrolliert, Fotos zu machen von Flughafen und Umgebung ist strengstens verboten, aus Sicherheitsgründen.

Über Abu Dhabi flog ich in die Schweiz zurück. Im Flugzeug genoss ich einen Whisky, den ersten seit meiner Ankunft im Irak.

# Remote Viewing im Irak
## Das Interview

Während meines Aufenthaltes im Irak wollte ich Laith Muhammad zu seinen Erfahrungen als medialer Berater für das Nationale Olympische Komitee interviewen. Leider hatten wir im Irak keine Zeit dafür. Wir mussten es später via E-Mail und Skype machen. Sprachlich war das eine Herausforderung. Die Übersetzungen und teilweise auch die Gespräche führten wir schriftlich mit Übersetzungsprogrammen.

Ausführlich erklärte er mir seine Technik, die er selber entwickelt hat. Ich konnte ihn beobachten, wie er bei einem Vortrag Sportstudenten analysierte. Er sieht das Energiefeld um die Menschen und kann so die Athleten beraten, ihre Schwachpunkte zu eliminieren. Zudem analysiert er vor oder während des Spielens die Kollektivenergie eines Teams. Das gibt ihm die Möglichkeit, zu sehen, welches Team gewinnen wird und warum.

**MZ:** Laith, du bist aus Bagdad im Irak. Wie lebt es sich als medialer Mensch in einem Land, das ständig im Krieg ist?

**LM:** Die Iraker sind harte Bedingungen und schwierige Lebensumstände gewohnt. Die Menschen versuchen, einen Alltag zu leben. Ich kann jetzt offen über meine Erfahrungen sprechen und in den Medien wird darüber geschrieben. Wir sind freier, als unter dem Regime von Saddam Hussein.

*MZ:* Wie hast du gemerkt, dass du mehr siehst als andere, und wie hat dein Umfeld darauf reagiert?

*LM:* Seit meiner Kindheit sehe ich viele verschiedene Energien, nicht als Farben oder Bilder, sondern in verschiedenen Lichtformen. Damals kannte ich die Bedeutung nicht. Meine Umgebung reagierte etwas unsicher. Durch meine Arbeit mit Sportlern lernte ich, die Energien, die ich sehe, zu interpretieren und einzusetzen. Es war nie ganz einfach für mein Umfeld, zu verstehen, wie ich arbeite. Noch heute sind viele Menschen mit meiner Arbeit nicht sehr vertraut.

*MZ:* Glaubst du an Gott?

*LM:* Ja, ich glaube definitiv an Gott.

*MZ:* Du bist Moslem. Sunnit oder Schiit?

*LM:* Sunnit. In Wirklichkeit aber bin ich Mensch auf diesem Planeten und wir sind alle Brüder.

*MZ:* Wie steht der Islam medialen Kräften gegenüber?

*LM:* Der Islam ist nicht gegen mediale oder spirituelle Kräfte. Wir arbeiten mit reinen Kräften und helfen dem Menschen. Wir geben Anregungen, tun Gutes für die Gemeinde. Das entspricht den Ideen des Islams.

*MZ:* Wie du weißt, dämonisiert heute der Westen den Islam. Was hältst du von diesem modernen Kreuzzug des Abendlandes?

*LM:* Viele Menschen im Westen verstehen den Islam nicht. Der Islam ist nicht für Gewalt und das Töten von Menschen. Jene, die im Namen des Islams töten, legen die Lehre nicht richtig aus. Unsere Lehre ist gut und gegen Gewalt. Andere Religionen sollten ebenso denken.
Im Falle eines Angriffes aber haben alle Menschen das Recht, sich zu verteidigen.

*MZ:* Der Westen sieht den Islam als Gefahr! Seht ihr uns ebenfalls als Gefahr an?

*LM:* Der Islam ist keine Bedrohung für irgendjemanden. Andere Religionen sollten auch keine Bedrohung für uns sein. Der Islam, das Christentum oder das Judentum sind monotheistische Religionen, predigen die Wahrheit, Liebe und beten für Frieden unter Menschen.

*MZ:* Der Krieg im Irak oder in Afghanistan war nur möglich, weil westliche Regierungen ihr Volk belogen, um für wirtschaftliche Profite dein Land faktisch zu zerstören. Wie stehst du dem Westen gegenüber?

*LM:* Das Problem sind die Herrscher, respektive Politiker, dieser Länder. Nicht die Völker. Die Menschen wollen in Frieden und Liebe leben. Ich respektiere die westlichen und alle anderen Völker.

*MZ:* Kannst du in deinem Umfeld offen über Hellsichtigkeit sprechen?

*LM:* In meinem Land haben die Menschen bis zum heutigen Tag nur sehr wenige Informationen über diese Themen. Ich freue mich sehr, immer wieder darüber zu sprechen, um den Menschen zu zeigen, wie die Kraft der Intuition hilfreich eingesetzt werden kann.

*MZ:* Kennst du in Bagdad noch andere Menschen, die medial veranlagt sind?

*LM:* Es gibt einige Bekannte von mir, die ebenfalls medial arbeiten. Auf jeden Fall bin ich der Einzige, der im Irak mit Remote Viewing arbeitet. Ein guter Freund aus dem Norden des Landes ist ein sehr guter Heiler. Er reist oft nach Deutschland, um seine Kunden zu besuchen.

*MZ:* Was ist dein Beruf?

*LM:* Ich arbeite seit 2005 als parapsychologischer Experte für das Nationale Olympische Komitee des Irak und die irakische Olympische Akademie.

*MZ:* Was kannst du uns über deine Technik erzählen?

*LM:* Seit meiner Kindheit habe ich die Fähigkeiten, Übersinnliches wahrzunehmen.

In meinen Diagnosen fokussiere ich mich auf Signalwellen, die vom Körper ausgesendet werden. In diesen sehe ich Energieformen und Bilder, die mir zeigen, wie es dem Menschen geht. Ich erkenne darin das Fokuspotenzial, Stärken, Ängste und psychologische Stärken und Schwächen.

So mache ich eine psychologische Analyse der Sportler und helfe ihnen, sich in ihren Leistungen zu verbessern. Meine Analysen sind vergleichbar mit Remote Viewing. Meine Technik gibt dem Athleten und den Teams die Möglichkeit, ihre Leistungen zu verbessern und sich auf die Wettkämpfe besser einstellen zu können.

Ich arbeite seit sieben Jahren mit Sportlern und habe weit über hundert Experimente machen und erfolgreich abschließen können.

*MZ:* Arbeitest du nur mit Sportlern oder setzt du deine Begabung auch auf anderen Gebieten ein?

*LM:* Ja, mein Talent kann überall eingesetzt werden. Oft kommen Freunde zu mir und bitten mich um Rat.

*MZ:* Wie siehst du die Zukunft für deine Arbeit im Irak?

*LM:* Im Moment arbeite ich nur für das irakische Nationale Olympische Komitee. Öffnen sich dem Thema weitere Einrichtungen und würde die moderne Wissenschaft die Möglichkeiten, die dank der Intuition gegeben sind, besser verstehen, könnte damit auch auf anderen Gebieten sehr viel erreicht werden. Ich hoffe, es wird eines Tages möglich sein, viel offener und mehr damit zu arbeiten.

MZ: Es gab früher in Bagdad ein Zentrum für Parapsychologie. Was ist damit passiert?

LM: Es handelte sich dabei nicht wirklich um ein Zentrum. Der ehemalige Direktor des Psychologischen Research Center an der Universität von Bagdad, Dr. Harith Abdul Hamid, wurde 2006 von Terroristen ermordet. Neben psychologischen Untersuchungen arbeitete er auch auf dem Feld der Parapsychologie. Leider führte niemand seine Aktivitäten weiter.

MZ: Könntest du dir vorstellen, eines Tages in deiner Heimatstadt ein Zentrum für Parapsychologie aufzubauen?

LM: Auf jeden Fall!

MZ: Du hast meine Vorträge im Irak organisiert. Bist du zufrieden mit den Ausgängen?

LM: Die Vorträge waren ausgezeichnet und ich bin sehr glücklich darüber. Natürlich gab es gemischte Reaktionen. Einige Zuhörer sind der Intuition gegenüber nicht offen eingestellt und hatten Zweifel an dem, was du gesagt hast. Andere lobten die Vorträge in höchsten Tönen. Die Vorlesungen waren sehr wichtig für die Athleten.

MZ: Hast du Träume oder Visionen, wie du deine Fähigkeiten in deinem Heimatland umsetzen möchtest?

LM: Seit 2005 arbeite ich mit meinem Talent, um Sportlern zu helfen. Es gibt leider noch sehr viele Menschen, die trotz meiner guten Ergebnisse nicht an meine Arbeit glauben. Ich wünsche mir die Möglichkeit, noch viel über das Thema zu veröffentlichen, nicht nur im Irak, sondern auch im Ausland.

Es ist für mich sehr wichtig, mein Talent in den Dienst der Gesellschaft stellen zu können.

MZ: Laith, vielen Dank für das spannende Interview und diese letzten Tage. Du hast mir und hoffentlich auch dem Leser deine Kultur, dein Heimatland und deine Religion etwas näherbringen können. Ich habe von euch viel gelernt und hoffe, dich bald wiedersehen zu können.

LM: Ich möchte mich ebenfalls bei dir bedanken. Ich bin sehr glücklich, dass du mein Land besucht hast! Ich freue mich, dich bald wiederzusehen.

# Wo Seelen sich treffen

Wer kann von sich behaupten, inkarnierte und nicht mehr inkarnierte Seelen aus verschiedensten Jahrhunderten und Kulturen zu treffen? Nein, nicht der vom Verfolgungswahn geplagte oder geistig Verwirrte, sondern der medial Veranlagte.

Wie immer wieder erwähnt, ist Medialität ein Talent oder eine Veranlagung und keine nur für Auserwählte bestimmte Rarität. Ohne Zweifel gehört mehr zum Wahrnehmen von Geistwesen als normale Meditation. Dennoch ist mediales Sehen viel stärker verbreitet als normalerweise angenommen.

Mit Meditationen löst man sich aus dem alltäglichen Wahrnehmen und verbindet sich, bewusster als normalerweise, mit der Seele. Durch das Auge der Seele sehen bedeutet, sich den Tiefen des Nichtphysischen zuzuwenden. Dieses Auge wird auch drittes Chakra oder, wie ich es am liebsten nenne, inneres (intuitives) Auge genannt.

Durch das intuitive Auge sehen wir Realitäten, die ihr eigenes Verständnis von Raum und Zeit besitzen. Diese werden wie auch unsere Dimension durch Wesen beseelt. Hier, auf menschlicher Ebene, sind diese Wesen Menschen, Tiere oder Pflanzen. Auf anderen Ebenen befinden sich je nach Ebene Verstorbene, spirituelle Meister, Astralwesen, Engel etc. Ohne Zweifel gibt es noch viele sämtlich unseren Augen unerkennbare Seelen und Existenzen.

Viele dieser Realitäten haben ähnlich der unseren geografische Landschaften. Den Farben und Formen dieser Welten sind im wahrsten Sinne keine Grenzen gesetzt.

An den verschiedensten Orten gibt es »Schnittstellen«, welche die verschiedenen Dimensionen oder Wirklichkeiten verbinden. Kraftorte zum Beispiel sind solche Punkte. Künstlich können solche Schnittstellen auch durch Meditationen herbeigeführt werden. Carlos Castaneda widmete sich in vielen seiner Bücher diesen Schnittpunkten und wie sie unter anderem herbeigeführt werden können.

Ohne Zweifel sind Träume ebenfalls Türen, um das Überqueren der Dimensionen möglich zu machen. Nicht selten werden diese Türen von den anderen Dimensionen zu uns geöffnet. Wesenheiten aus jenen Welten verbinden sich mit Menschen auf der Erde. Sie zeigen sich, geben Nachrichten weiter oder kommen mit einer bestimmten Aufgabe zu uns.

Mir wird immer wieder gesagt, dass sie (die Wesenheiten anderer Welten) bei uns als »Sozialarbeiter« sind. Sie möchten uns helfen. Genauso gut können wir aber auch in jene Welten, um helfen zu können oder um Austausch anzuregen. Die Tatsache, dass diese Wesen nicht von jedermann gesehen werden können, heißt noch lange nicht, dass sie nicht existent sind.

Der fanatische Kritiker oder Skeptiker kritisiert jene, die sie sehen können, und klagt sie des Schwindels an. Es benötigt viel Selbstvertrauen, sich von diesen Anschuldigungen nicht verunsichern zu lassen. Eigentlich jedoch müsste es umgekehrt sein, müsste der Skeptiker eines Besseren belehrt werden. Oder wer käme auf die Idee, sich von einem Analphabeten beschimpfen und vorwerfen zu lassen, dass

Schreiben- und Lesenkönnen Blödsinn sei. Zum Glück entwickeln wir uns nicht nur technisch weiter, sondern auch spirituell und der harte Skeptiker gehört bestimmt schon bald ebenso der Vergangenheit an wie das Mammut!

Wir wissen unterdessen, dass jeder Mensch eine Seele in sich trägt. Diese reflektiert in unterschiedlichen Dimensionen. Eine davon und wohl die bekannteste ist der physische Körper. Eine andere wäre die Aura. Diese bewegt sich lange vor der Zeugung des physischen Körpers, auch während des Lebens im Körper, nicht selten außerhalb davon. Logischerweise bewegt sie sich auch nach dem Tod weiter. Mache ich Jenseitskontakte oder suche ich eine verstorbene Person, so kontaktiere ich diesen Lichtkörper, die Aura, um Informationen zu erhalten.

Natürlich können sich auch die Auren zweier Menschen, unabhängig vom Körper, treffen. Das kann bei einer Astralreise zweier Menschen passieren. Oder die Seele eines Lichtwesens kontaktiert die Seele eines Menschen und stellt die Verbindung zum Beispiel im Traum her. Während des Träumens verlassen wir nicht selten den Körper und wandern in parallelen Dimensionen.

Neben dem Träumen können wir das bewusste Aus-dem-Körper-Wandern üben. Meditationen sind dafür wunderbare Türöffner. Welche Meditation man wählt, ob mit oder ohne Hilfsmittel, sei dem Suchenden überlassen.

In meinen verschiedenen Arbeiten wandle ich sehr viel in für viele nicht wahrnehmbaren Realitäten. Mache ich Remote Viewing, expandiere ich automatisch mein Bewusstsein in zeit- und raumverschobene Sphären, um einen von mir weit entfernten Ort aufzusuchen. Beim Analysieren einer Aura einer vermissten Person oder eines Kunden in einem anderen Land nehme ich ebenfalls diese Hilfe in Anspruch.

Werde ich gebeten, die Entwicklung in einem Land zu analysieren, so expandiere ich mein Bewusstsein, um mir die Entwicklungsaura des betreffenden Landes anzusehen. Möchte ich den Ausgang einer Präsidentenwahl sehen, so reise ich in die Zukunft des Kandidaten und versuche zu sehen, wie er sich emotional am Abend nach den Wahlen fühlt.

Suche ich Rat von einem meiner Geistführer, so gibt es dafür zwei Möglichkeiten. Ich rufe ihn zu mir oder versuche, ihn durch eine Meditation zu besuchen. So oder so, in beiden Fällen findet die Begegnung gleichzeitig auf verschiedenen Ebenen statt. Für mich als Mensch und Geist sehe ich ihn als Lichtwesen. Für mich als Aura findet die Begegnung gleichzeitig in einer feinstofflichen Dimension statt.

In seltenen Fällen habe ich die Erfahrung machen dürfen, mit Lichtwesen zu verschmelzen. Die zwei Auren wurden zu einem Lichtfeld, verschmolzen zu einer Aura. Diese Momente waren sehr magisch und, um ehrlich zu sein, auch etwas unheimlich … Am ehesten lässt sich diese Erfahrung vergleichen mit dem Moment, in dem zwei Liebende gleichzeitig einen Orgasmus bekommen.

Seelen zu treffen ist viel einfacher, schneller, billiger und ohne Zweifel ökologischer als physische Begegnungen. Ich hoffe sehr, dass schon viele Menschen sehr bald die Möglichkeit haben, dies zu erfahren. Mensch und Natur kämen sich wieder viel näher. Mensch käme den geistigen Welten wieder viel näher.

An diesem Punkt möchte ich mit dem Leser eine sehr einfache Meditation teilen. In der Meditation geht es darum, dass man die Seele einer bekannten Person besucht, um zu sehen, wie es ihr geht. Interessant dabei ist, dass man sich direkt nach der Begegnung überprüfen kann.

Ich gehe davon aus, dass dem Leser die Grundregeln der Meditation vertraut sind, und erkläre daher nur den Ablauf der Übung, ohne die Anleitung zur Grundmeditation zu geben. Vor der Meditation sucht man sich die Person aus, die man besuchen möchte. Die besagte Person sollte zum Zeitpunkt des Besuches eine wichtige Situation erleben. Zum Beispiel ein Freund, der eine Prüfung ablegen muss. Oder der Vater, der ein Vorstellungsgespräch führen muss. Möglich wäre auch der Mann oder die Ehefrau bei der Präsentation eines Projektes. Es ist wichtig, dass die Person im Moment des Besuches starke Emotionen zeigt.

Zwei Faktoren sollte man bei dieser Übung kennen: die emotionsgeladene Situation (es ist von Vorteil, dass man die Situation kennt, aber nicht unbedingt notwendig). Den Zeitpunkt der Situation. Der Zeitpunkt ist ausschlaggebend, um den Zeitpunkt des Besuches zu kennen.

Sind die Grundfaktoren erfüllt, gibt es folgende Möglichkeiten: Man meditiert bereits im Vorfeld der Situation, um eine Astralreise zu machen und der Person nach der Situation zu begegnen, oder man meditiert zeitgleich während der Situation und beobachtet, wie die Aura agiert.

Es ist wichtig, sich vor Augen zu führen, dass man bei dieser Übung nicht den physischen Körper besuchen muss, sondern nur sein Energiefeld. Daher spielt es auch keine Rolle, wo sich die Person befindet. Es spielt ebenfalls keine Rolle, ob die Person sich in einer anderen Stadt oder auf einem anderen Kontinent aufhält.

Hat man sich entschieden, welchen Moment der Begegnung man wählt, setzt oder legt man sich hin. In der Meditation ist es wichtig, sich zu entspannen.

Sind die Augen geschlossen und der Körper entspannt, stellt man sich die Person genau vor, um die es geht. Als Nächstes versucht man, das Energiefeld um oder in der Person zu spüren. Am einfachsten ist es, sich auf die Emotionen zu konzentrieren. Die Wahrnehmung kann visuell, emotional oder körperlich (Wahrnehmungen am Körper) sein.

Funktioniert es bis zu diesem Punkt, so konzentriert man sich nun auf die Person nach dem Zeitpunkt der Begegnung. Man sieht oder spürt, ob es der Person gut geht oder nicht, ob sie zufrieden scheint oder nicht. Die so gesehenen oder gespürten Emotionen interpretiert man auf die Situation. Meditiert man während des realen Zeitablaufs, so beobachtet man direkt die Entwicklung der Emotionen.

Später kann man sich mit der Person physisch in Kontakt setzen und fragen, wie die Situation ausgegangen ist. Traut man sich genug zu, so kann man umgehend danach anrufen und gratulieren. Der Überraschungseffekt beim Gratulanten ist ohne Zweifel viel größer!

Seelen, unabhängig ob Mensch/Aura oder »nur« Lichtwesen, freuen sich immer auf einen Besuch mit guten Absichten.

Uns hier auf der Erde eröffnen sich damit weitere Kommunikationsmöglichkeiten, für die wir von etlichen heute noch kritisiert oder um die wir beneidet werden. Es wäre zu hoffen, dass das sich bald ändert und in nicht so ferner Zukunft normal und alltäglich ist, wie im Internet Nachrichten zu versenden oder per Kamera gemeinsam zu lachen!

# Kraftort:
# Kloster Mar Thekla

Weniger als zwei Jahre vor den Unruhen in Syrien konnte ich, wie schon beschrieben, das Land besuchen. Die erste Reise unternahm ich mit einer guten Bekannten, die ebenfalls in Beirut wohnte und im Gegensatz zu mir noch heute dort lebt. Die Dame, eine Französin, lebt schon über dreißig Jahre im Libanon. Ich war in Damaskus zu einer Hochzeit eingeladen. Daniele, meine Bekannte, wollte schon lange mal wieder nach Syrien, nahm die Gelegenheit meiner Reise wahr und schloss sich mir an. Wir mieteten in Beirut ein Taxi und fuhren sehr früh am Morgen los. Unser Ziel waren verschiedene Klöster und Kraftorte auf dem Weg nach Damaskus.

Von Beirut auf Meereshöhe überquerten wir die Berge des Libanongebirges und gelangten in die berühmte Bekaa-Ebene. Die Hochebene liegt zwischen den Gebirgszügen des Libanongebirges und dem Antilibanon. Auf der Ebene wachsen einige der besten Weine des Landes und sie ist übersät mit Obst- und Gemüseplantagen. Die Cannabis-Sorte »Roter Libanese« kommt aus dieser Gegend und Hisbollah, libanesische Clans und die reguläre Armee tragen hier immer wieder Scharmützel aus.

Quer über die Ebene gelangten wir schließlich an die Grenze zu Syrien. Nach kurzem Aufenthalt, um die Zollformalitäten zu erledigen, fuhren wir nach Syrien. Das Land, rau und wild, beeindruckte mich. Im Gegensatz zur grünen Bekaa-Ebene lagen die syrischen Gebirgszüge wie eine Mondlandschaft vor uns. Je tiefer wir in das Landesinnere eindrangen, umso magischer wirkte die Gegend.

Wir besuchten drei verschiedene Klöster und Kraftorte. Jeder der Orte hatte seine eigene Magie, keiner jedoch faszinierte mich so wie das Kloster Mar Thekla! In der Gegend um das Kloster herum sprechen die Einheimischen noch Aramäisch. Es wird gesagt, dass dies die Sprache Jesu gewesen sei. Das Kloster liegt auf ca. 1400 Meter über dem Meer und 56 Kilometer nordöstlich von Damaskus.

Vermutlich wäre es heute zu gefährlich, diese Gegend zu besuchen. Der Ort, in dem das Kloster steht, heißt Maalula und erweckt den Anschein, mindestens 500 Jahre in der Vergangenheit zu liegen.

Im Kloster von Mar Thekla befinden sich die Reliquien der Heiligen Thekla. Sie war eine Anhängerin des Heiligen Paulus. Eine der Legenden besagt, dass Thekla ihres Glaubens wegen verfolgt wurde und vor den Soldaten nur gerettet wurde, weil sich vor ihr die Felsen öffneten. Tatsächlich muss man, um zum Kloster zu gelangen, einen langen Felsenweg durchwandern, der links und rechts von steilen Felswänden gesäumt ist.

Bereits dieser Weg ist eine Form der Weihung. Um das Heiligtum zu erreichen, muss man erst durch steinige und einengende Felsen wandern. Plötzlich öffnet sich der Fels und man steht einer mystischen Erscheinung gleich vor dem Kloster. Der Bau wirkte, als sei er aus einer vergangenen Zeitepoche entsprungen.

Die Kraft des Ortes ließ mich erschauern. Ich stand vor den Klosterwänden und schaute in die Höhe. Der Wind wehte warm um mein Gesicht. Ein klarer blauer Himmel, nur von wenigen Wolken durchzogen, über meinem Haupt. Vor mir der Eingang zum Heiligtum. Erinnerungen stiegen in mir hoch. Ich sah mich vor fünfzehn Jahren im Himalaja vor einem der alten, energetisch kräftigen buddhistischen Klöster stehen. Die Kraft, die Verbundenheit zum Göttlichen, spürte ich jetzt wieder so stark wie damals.

Warum, so fuhr es mir durch den Kopf, bist du eigentlich so weit zu so fernen Kulturen gereist? Nie hätte ich geglaubt, eine so starke Verbindung zum Christentum spüren zu können.

Nachträglich sehe ich diese Erfahrung als eine Art Einweihung. Ich wurde, ohne es zu suchen, zu den Wurzeln des Christentums gebracht. Die Erfahrung war wichtig für mich, um endlich meinen Frieden mit der Religion machen zu können, in der ich aufgewachsen bin. Der Unterschied, so wurde mir klar, war, dass ich bis zu dem Zeitpunkt die mystische Wurzel des Christentums noch nie gespürt hatte.

Auf der anderen Seite zeigte mir dieses Erlebnis auch, wie egal es eigentlich ist, welche Religion an einem dieser Kraftorte ihre Tempel hinpflanzte. Bisher betete ich an Kraftorten in Heiligtümern mit einem Kreuz, einem Halbmond, dem Davidstern, Buddha oder Hinduzeichen oder Indianersymbolen am Amazonas. Gott war das, so bin ich überzeugt, egal. Ihm (dem Göttlichen) ist es vor allem wichtig, dass wir mit ihm verbunden sind.

Wir stiegen die Treppen zum Kloster hoch. Die Einrichtung wirkte sauber. Plötzlich tauchte eine Nonne vor uns auf. Sie verkaufte Weihrauch und Heiligenbilder. Wir kauften uns je eine CD mit aramäischen Kirchenliedern.

Unser nächstes Ziel war die Heiligengrotte. Dort sollten sich die Überreste der Heiligen Thekla befinden. Außerhalb des Klosters spielte eine Schulklasse einheimischer Kinder. Im Kloster sahen wir neben den Nonnen nur einen Mann herumspazieren. Wir vermuteten in ihm einen einheimischen Pilger.

Daniele und ich spazierten gemeinsam durch das Kloster. Dennoch war jeder für sich. Die Grotte betretend, erschlug es mich wieder vor Schönheit und Kraft. Ich setzte mich einfach hin und schloss meine Augen. Keine Wesen, keine mediale Durchsage. Einfach sein, offen sein und empfangen. Ich genoss die Ruhe und Tiefe dieser Erfahrung.

Der Besuch des Klosters war vom ersten Schritt an ein endloses Gebet, eine Zelebrierung des Göttlichen.

Irgendwann öffnete ich meine Augen. Daniele war nicht mehr zu sehen. Vermutlich war sie bereits wieder im Kloster, so dachte ich mir. Ich stand auf und spazierte die Treppe zum Hauptkloster hinauf. Tatsächlich fand ich sie und erkannte am Leuchten in ihren Augen, dass es ihr nicht anders ergangen war als mir.

Ohne große Worte, spazierten wir zum Klosterausgang und zum Dorf zurück. Unser Fahrer wartete bereits auf uns. Erst im Auto fanden wir wieder Worte, bereiteten uns darauf vor, wieder in die irdische Welt einzutauchen.

In Damaskus angekommen, besuchten wir die Altstadt. Moscheen liegen neben Kirchen und Synagogen. Moslems lebten neben Christen und Juden, tauschten, kauften, plauderten und lachten zusammen. Es wirkte so unrealistisch inmitten einer Region, die von Religionskriegen so zerrissen wurde und immer noch wird.

Es erweckt Hoffnung, dass es gehen kann, gehen muss!

# Kraftort: Istanbul

Kraftorte erwartet man meistens in wilder Natur, umgeben von mystischen Wäldern oder hohen Bergen. Wohl in den meisten Fällen ist dem auch so. Machu Picchu befindet sich in den Anden Südamerikas, Stonehenge in England auf grüner Fläche, umgeben von viel Natur. Delphi liegt nicht so weit von entfernt menschlicher Zivilisation wie Machu Picchu, dennoch ist die Natur um das ehemalige Orakel wild und ursprünglich.

Besucher der Sultan-Ahmed-Moschee am Bosporus, mitten im von Verkehr und Massentourismus gelegenen Heiligtum, haben vermutlich mehr Mühe, deren Kraft und Magie zu spüren. Der sensitive Besucher Istanbuls merkt jedoch umgehend, dass er sich an einem speziellen Ort befindet. Obwohl umgeben von Millionen von Autos, Häusern, Menschen, Tieren, Umweltverschmutzung, Gewalt und Intrigen, befindet sich hier ein Kraftort, der leider von vielen Menschen übersehen wird.

Wie üblich bei Kraftorten liegt auch dieser nicht nur in der Moschee, sondern in der größeren Umgebung. Vermutlich steht das Bauwerk im »Epizentrum« des Kraftortes am Marmarameer.

Die Sultan-Ahmed-Moschee wurde 1609 von Sultan Ahmed I in Auftrag gegeben. Nach der kaum 500 Meter entfernten Hagia Sophia ist sie heute Istanbuls Hauptmoschee. In Europa kennt man sie wegen ihres Reichtums an blau-weißen Fliesen, die die Kuppel und den oberen Teil der Mauern zieren, als Blaue Moschee. Diese Moschee ist eines der wenigen islamischen Gotteshäuser mit sechs Minaretten. Nur die Hauptmoschee in Mekka hat mit neun Minaretten mehr Minarette als die Blaue Moschee.

Der unvoreingenommene Besucher der Moschee wird umgehend die Kraft und Stille spüren. »Stille« mag unter den Tausenden von Besuchern schwierig zu spüren sein, dennoch wird sie dem bewussten Besucher nicht entgehen können.

Schon von Weitem spürte ich die Anziehungskraft des Bauwerks. Vor der Moschee stehend, sah ich mich um. Ich stand auf dem Hauptplatz, meine drei Augen geöffnet: die zwei »physischen« und mein drittes Auge. Es war schwierig, von den vielen Eindrücken physischer und metaphysischer Realitäten nicht überflutet zu werden.

Etwas links der Moschee befindet sich die ehemalige Sophienkirche oder auch Hagia Sophia. Diese ehemalige byzantinische Kirche und spätere Moschee dient heute als Museum. Der Blauen Moschee um nichts nachstehend, strahlt auch dieses Gebäude eine Kraft aus, die nicht beschrieben werden kann.

Ohne zu übertreiben, kann ich mit gutem Gewissen sagen, dass ich mitten in diesem Tumult von Menschen und Blechlawinen die gleiche Kraft spüren konnte wie an den anderen von mir besuchten Kraftorten. Die Moschee betretend, hatte ich das Gefühl, in einen Krafttunnel zu treten. Obwohl ich umgeben war von Menschen aus der ganzen Welt, hatte ich das Gefühl, allein zu sein.

Im ersten Raum muss man die Schuhe ausziehen. Ich setzte mich hin, um eine erste Meditation zu machen. Bilder aus vergangenen Zeiten tauchten auf. Ich genoss die Überlappungen verschiedener Jahrhunderte. Ähnlich einem doppelt belichteten Film kreuzten sich Menschen aus vier Jahrhunderten. Viele von ihnen liefen ineinander über. Sie kreuzten sich, ohne es zu merken, obwohl es für einige der Seelen der Vergangenheit offensichtlich möglich war, die Gegenwart zu sehen.

Fasziniert stand ich auf und betrat den nächsten Raum, die Haupthalle! Die Weite, die sich vor mir öffnete, faszinierte mich! Riesige Säulen stützen die massive Decke. Der Hauptgebetsplatz war durch eine Holztrennung geschützt.

Sprachen aus der ganzen Welt schwangen, einem Mantra gleichend, durch die Lüfte. Ich setzte mich an eine der Säulen, um zu meditieren. Obwohl die Sicht weniger monumental ist als in Machu Picchu, steht dieser Ort an Kraft nichts hinterher! Die Augen schließend, meditierte ich, um den Moment zu genießen. Ich wollte die Kraft des Ortes festhalten.

Meiner Facebook-Studentengruppe gebe ich immer wieder Meditations- oder Remote-Viewing-Übungen. Dabei veröffentliche ich in der Gruppe einen RV-Code. Dieser repräsentiert ein Bild oder beschreibt eine Situation und die Gruppe muss spüren, worum es sich handelt. Ich schoss mehrere Fotos, um später eines davon als Remote-Viewing-Übung zu veröffentlichen.

Fasziniert beobachtete ich die betenden Männer im Hintergrund des Gebetssaales. Betende Menschen strahlen fast ohne Ausnahme eine schöne und kraftvolle Energie aus – unabhängig davon ob an einem Ort wie dieser Moschee, der Klagemauer in Jerusalem, am Petersdom in Rom oder einer kleinen Kapelle in den Anden!

Die Verbindung zu Gott kennt keine Religion, diskriminiert nicht zwischen Hautfarben oder geografischen Örtlichkeiten.

Das Bild vor mir erinnerte mich an ein Freitagsgebet, das ich vor Jahren in Teheran besuchte. Konzentrierte Männer richteten ihren spirituellen Blick nach Mekka, genau so, wie der Jude seinen Blick nach Jerusalem richtet.

Komisch, so dachte ich für mich, dass wir Christen keinen fixen Punkt haben, an den wir uns richten können. Vorteil? Vielleicht, weil wir damit nicht an eine Himmelsrichtung gebunden sind. Nachteil? Vielleicht, weil uns dadurch ein Fixierungspunkt fehlt.

Die Moschee verlassend, genoss ich jeden Schritt. Offensichtlich spürt man die Kraft des Ortes nicht nur in der Moschee. Trotzdem hilft es, die Mauern der Moschee, ihre monumentale Schönheit als Fixierungspunkt einzusetzen.

Mein nächstes Ziel in diesem Ballungszentrum der Kraft war die Cisterna Basilica. Die Anlage ist eine der beeindruckendsten Sehenswürdigkeiten der Stadt und wird auch versunkener Palast genannt.

Die 138 Meter lange und 65 Meter breite unterirdische Zisterne wurde in ihrem heutigen Zustand zwischen 532 und etwa 542 unter Kaiser Justinian als Wasserspeicher für den Großen Palast angelegt. Über der Zisterne befand sich früher eine Basilika. Daher auch heute der Name. Imposant sind die zwölf Reihen von 28, insgesamt also 336 jeweils acht Meter hohen Säulen mit überwiegend korinthischen Spolienkapitellen. Das Wasser bester Qualität kam aus dem Belgrader Wald im Hochland westlich von Istanbul und diente zur Versorgung des kaiserlichen Haushaltes.

Um den Lärm der Millionenstadt hinter sich zu lassen und dem Kraftort nahe zu sein, ist dies der beste Ort. Man kann hier sehr gut meditieren und die Kraft genießen. Befindet man sich in der Cisterna, kann man sich mit etwas Fantasie gut vorstellen, wie mystische Fabelwesen den Tiefen des Wassers entspringen.

Ich wandelte über den Steg aus Stahl und ließ mich von den Säulen und der im Hintergrund laufenden Meditationsmusik beeindrucken und in andere Sphären versetzen.

Als die Zisterne mich wieder ausspuckte und ich mich auf den Straßen Istanbuls wiederfand, war es bereits zu spät für mein nächstes Ziel, die Hagia Sophia. Traurig darüber war ich nicht. Erst musste ich die bis dahin gesammelten Eindrücke und vielen Erlebnisse verdauen. In einer der vielen Seitengassen auf der anderen Seite der Galatabrücke suchte ich mir ein kleines Café und setze mich. Einen guten Mokka vor mir, genoss ich die Abendstimmung und war dankbar für die vielen eindrücklichen Momente, die ich erleben durfte.

Früh am nächsten Morgen nahm ich vom Hause der Freunde, bei denen ich übernachtete, die Metro ins Zentrum der Stadt. Mein Ziel war die Hagia Sophia. Ich ließ mich von der Schlange wartender Touristen nicht entmutigen und stellte mich brav an. Im Innern erwartete mich eine einzigartige Architektur, Freskenkunst, ein Farbenmeer und natürlich eine unglaubliche Energie. Vermutlich wäre diese noch viel eindrücklicher gewesen, hätte ich am Tag zuvor nicht bereits die Moschee und die Zisterne besucht. Dennoch kam ich aus dem Staunen nicht heraus.

Durch die vielen Menschen fiel es mir hier etwas schwerer, zu meditieren. Dennoch genoss ich die Kraft, die mich umgab und durch mich hindurchdrang.

Obwohl in einer Weltmetropole, fand ich auch hier wieder Momente der Stille. Während meines Besuches im ehemaligen Konstantinopel und heutigen Istanbul fand ein Kongress der syrischen Oppositionspolitiker statt. Die Unruhen in der Region waren also auch hier, wenn auch nur bescheiden, zu spüren. Trotz dieses und vieler anderer Gründe der Spannung und auch Gewalt ist es möglich, an Orten der Gegensätze zu meditieren und Ruhe zu finden.

Ich konnte in der Hagia nur ganz wenige Wesen sehen. Im Gegensatz zur Blauen Moschee, die stark »besetzt« war mit Seelen der Vergangenheit. Ich blieb ungefähr eine halbe Stunde im »Museumstempel«. Dann fuhr ich mit einem Touristenbus durch die Stadt und besuchte die mehr irdischen Sehenswürdigkeiten Istanbuls.

Drei Tage verbrachte ich am Kraftort Istanbul. Viel zu wenig, um einen richtigen Eindruck zu bekommen. Bewusst überquerte ich nicht den Bosporus, um die asiatische Seite der Stadt zu besuchen. Das und weitere Ausdrucksformen dieser Energiequelle wollte ich mir für einen nächsten Besuch aufsparen.

Istanbul, ich komme wieder!

# Lost in Leipzig

Funktioniert Hellsehen wirklich? Wir machen den Test!
(*Robert Fleischer, Journalist, Koordinator Exopolitik Deutschland*)
Einleitung zum Remote-Viewing-Kurzfilm mit Martin Zoller, produziert vom ExoMagazin Deutschland.

Obwohl meine Miniserie auf RTL 2 nur kurz war und keine zweite Staffel gedreht wurde, lösten die Sendungen viele Reaktionen aus. Zu meinem eigenen Erstaunen waren diese fast ausnahmslos positiv. Viele sehr interessante Menschen kamen danach auf mich zu.

Robert Fleischer von *Exopolitik Deutschland* kontaktierte mich bereits vor der RTL 2 Sendung. Er hatte über mich in der Schweizer Zeitschrift *Mysteries* gelesen und war an meiner Arbeit interessiert. Robert zeigte großes Interesse, meine Arbeit in seiner Heimatstadt Leipzig in Deutschland vorzustellen. Er schlug vor, einen Vortrag zu organisieren und gleichzeitig ein Remote Viewing/Hellsehen-Experiment durchzuführen. Sein Vorschlag war, dass sich eine Person aus seinem Team irgendwo in der Stadt »verstecken« würde, und ich müsste den Ort, an dem sich die Person befindet, beschreiben und versuchen, ihn zu lokalisieren.

Ich war begeistert von seiner Idee. Für mich war dieses Projekt eine Weiterführung des RTL-2-Fernsehprojektes. Im Gegensatz zum Projekt im deutschen Fernsehen hatten wir hier vor Ort die Möglichkeit, den Fall zu lösen – oder auch nicht.

Am 11. Oktober 2011 kam ich in Leipzig an. Ich war noch nie so tief im Osten Deutschlands gewesen und war auf Leute und Kultur sehr gespannt. Ich freute mich auf die kommenden Tage.

Am ersten Abend hielt ich den Vortrag in Leipzig. Am Tag darauf fingen wir früh mit den Dreharbeiten an. Robert holte mich in meinem Hotel ab und fuhr mich ins Studio. Wir trafen die Kamerateams, Filmmaterial wurde ins Auto geladen und wir fuhren zu einem der Parks in der Stadt. Dort trafen wir Anja Lehmann, Roberts Co-Präsentatorin. Sie war es, die ich suchen sollte. Anja hatte ich am Abend zuvor nach meinem Vortrag bereits kennengelernt. Wir stellten uns nun offiziell vor und besprachen das Experiment. Vor laufender Kamera erklärten wir die Idee des Unternehmens. Anja gab mir einen Stadtplan und wünschte mir viel Erfolg bei der Suche.

Wir verabschiedeten uns, Anja fuhr mit einem zweiten Kamerateam zu ihrem Versteck und ich ging mit Robert und dem Kameramann etwas essen. Zurück im Studio zog ich mich mit dem Stadtplan in einen Raum zurück.

Entspannt setzte ich mich auf ein Sofa und meditierte. Vor mir auf dem kleinen Tisch lagen die Karte, mehrere A4-Seiten für meine Notizen und ein Stift.

Es dauerte nicht lange und die ersten Bilder tauchten auf. Ich sah den Himmel, große Gebäude und viel Beton. Anja musste sich also draußen befinden und nicht in einem Gebäude.

Fahrzeuge tauchten auf, die sich nicht bewegten. Bäume tauchten auf. Die Bäume waren aber nicht in einer großen, leeren Grünfläche. Das schloss einen Park für mich aus. Stehende Fahrzeuge deuteten auf eine Parklandschaft hin. Sie befand sich also auch nicht mehr im Auto oder in einem großen Park.

Ein riesiges Fenster tauchte vor mir auf. Es war mir nicht klar, ob ich außerhalb oder hinter dem Fenster stand, besser gesagt Anja. Während meine Bilder auftauchten, schrieb ich die Eindrücke auf. Ein weiteres Bild erinnerte mich an ein Einkaufzentrum. Ich konnte viele Personen um mich spüren.

Mich entspannend legte ich den Schreibstift zur Seite. Jetzt wollte ich mit dem Stadtplan spüren, ob ich einen Ort ausmachen könnte.

Ich schüttelte meine linke Hand. Sie würde mir bei der Suche entscheidende Hinweise geben müssen. Meine Augen kurz schließend, lehnte ich mich über die Karte, sah sie mir an und fing mit der Hand langsam an, über die Karte zu fahren. Von ganz links oben bis ganz rechts unten wollte ich mit meiner Hand über die Karte fahren. Meine Augen waren geschlossen. Ich wartete auf eine Reaktion in meiner Hand. Das Zeichen ist normalerweise ein Kribbeln. Plötzlich spürte ich ein leichtes Säuseln in meiner Handfläche. Ich öffnete die Augen. Der von mir gespürte Ort war in der Nähe des Zoos. Mit dem Stift machte ich einen Kreis.

Erneut schloss ich die Augen, um weiter zu suchen. Obwohl ich bereits einen Ort erspürt hatte, wollte ich weitermachen. Die Stelle befand sich im oberen Drittel der Karte.

Es kann vorkommen, dass ich mehr als nur einen Ort finde. In dem Fall mache ich zwei oder mehrere Durchgänge, um zu sehen, bei welchem der beiden Orte ich stärker hängen bleibe.

Es kann zum Beispiel sein, dass der eine Ort ein für die Person wichtiger Platz ist, an dem sie sich viel aufhält, aber nicht der Ort, an dem sie sich im Moment befindet.

Ganz wichtig bei dieser Arbeit ist die genaue Definition der Frage. »Wo befindet sich die Person zum momentanen Zeitpunkt« kann ein anderes Resultat bringen als »Wo befindet sich die Person«. Ohne momentan kann ohne Weiteres auch der Arbeitsort oder die Wohnung der suchenden Person erspürt werden.

Ich suchte weiter und fand tatsächlich einen zweiten Ort. Dieser war das alte Messegelände. Meine visuellen Eindrücke mit den beiden von mir gespürten Stellen vergleichend, kam ich zu dem Schluss, dass die Bilder besser zum Messegelände passten.

Erneut schloss ich die Augen, drehte die Karte vor mir und suchte. Wieder spürte ich beide Orte, stärker aber die Gegend um das Messegelände.

Entspannen war angesagt. Die Karte auf die Seite schiebend, setzte ich mich auf das Sofa zurück. Meditierend entspannte ich mich und löste mich von Anja. Ich stand auf, um ein paar Schritte im Raum zu gehen. Ich wollte mich etwas ablenken, bevor ich versuchen würde, neue Bilder der Umgebung zu visualisieren.

Nach erneutem Hinsetzen dauerte es nicht lange, bis die ersten Bilder wieder auftauchten. Beton, viel Beton spürte ich. Große, schwere Säulen tauchten vor meinem geistigen Auge auf.

Wieder die stehenden Autos. Plötzlich spürte ich eine S- oder U-Bahn-Station. Aufschreiben. Befand sich Anja in der S- oder U-Bahn Station? Nein! Wieder die Bäume. Kein großer, weiter Park.

Ich stockte. Mein inneres Auge sah einen großen, schweren Raum. Mächtig groß fühlte sich der Raum an. Das Bild verwirrte mich. Es passte überhaupt nicht zu den bis anhin gesehenen Bilder. Sämtliche Bilder waren unter freiem Himmel, fühlten sich leicht und frisch an. Egal, aufschreiben.

Die größte Gefahr bei medialen Arbeiten ist der Intellekt! Versucht man, Remote-Viewing-Bilder, die man sieht, rational zu verstehen, läuft man Gefahr, in die falsche Richtung zu geraten. Bei medialen Arbeiten muss man das Gehirn abstellen können.

Ohne das Bild weiter analysieren zu wollen, schrieb ich die Eindrücke auf.

Als ich spürte, dass keine weiteren Bilder mehr kamen, stand ich auf und ging zu Robert ins Studio zurück. Er bat mich, mich an einen kleinen Tisch zu setzen, um zu zeigen, wie ich mit der Hand über die Karte fuhr. Ich zeigte ihm, wie es funktioniert, während der Kameramann filmte.

Im zweiten Schritt gab ich meine Eindrücke wieder. Robert fragte mich, wie man jetzt weitermachen müsste. Ich erwiderte, dass ich jetzt an die zwei von mir gesehenen Orte gehen würde, um Anja zu suchen. Der erste Ort wäre die Gegend rund um das alte Messegelände, da ich Anja dort stärker spürte.

Robert sagte nichts. Ich war gespannt. Natürlich wusste ich, dass er wusste, wo Anja sich befand. Ich sah ihn an und wartete auf seine Reaktion. Erst sollte ich, so sagte er jetzt, mit Anja telefonieren. Er wollte, dass ich ihr meine Eindrücke vorlas. Während ich mit ihr sprach, wurde ich gefilmt. Ich ging davon aus, dass das zweite Team bei Anja jetzt ebenfalls am Filmen war.

Noch wusste ich nicht, wie genau meine Beschreibung und Ortsangabe war. Während des Gespräches gab Anja mir einige Rückmeldungen zu meinen Bildern. Diese waren positiv und bestätigend.

Robert grinste. Mein Kreis um das alte Messegelände war sehr gut, meinte er. Wir würden dorthin fahren, um Anja und das restliche Team zu treffen.

Robert hielt auf einem Parkplatz. Die stehenden Autos. Wir spazierten über eine kleine Grünfläche, die von Bäumen gesäumt war. Die Bäume, die ich sehen konnte. Wir befanden uns vor dem Völkerschlachtdenkmal, ganz in der Nähe des alten Messegeländes. Vom Völkerschlachtdenkmal aus sieht man das Messegelände – genauer gesagt sind beide Orte durch eine breite Allee als Sichtachse miteinander verbunden, die an der Frontseite des Denkmals beginnt und am Messegelände endet. Unterhalb des Denkmals gibt es eine Straßenbahnhaltestelle. Das Denkmal hat vier riesige Fenster. Das Denkmal ist aus festem Beton gemacht.

Vor dem Denkmal liegt eine kleine Wasserfläche. Die habe ich nicht gesehen. Der Ort wird von vielen Touristen besucht. Als wir vor Ort standen, spazierten immer wieder Personen um uns herum. Auch diese habe ich gespürt.

Anja befand sich nicht direkt auf dem Gelände, dennoch war ich mit dem Ausgang zufrieden! Das Messegelände liegt in freier Sicht vor dem Denkmal, ungefähr zehn Minuten zu Fuß. Die visuellen Beschreibungen passten ebenfalls gut zur Umgebung.

Einzig den dunklen, schweren Raum konnte ich nicht ausmachen. Während wir mit Anja vor laufender Kamera meine Bilder mit der Umgebung verglichen, erwähnte ich mein Erstaunen wegen des schweren Raums.

Anja lachte. Sie zeigte auf das Denkmal und erzählte, dass sie während des Besuches auch im Inneren des Denkmals war. Dort befände sich, so erzählte sie, wohl einer der schwersten Räume, den sie kennen würde.

Sie führte mich in das Denkmal hinein und dort war er. Als ich mich im Raum befand, konnte ich das Gefühl wiedererkennen. Ich spürte die Schwere und Dunkelheit, Erkennungswert deckend!

Ich war zufrieden. Meine visuellen Wahrnehmungen waren sehr deckend. Die örtliche Angabe war nicht hundertprozentig exakt, aber dennoch genug gut, um zu zeigen, dass Intuition ein reales Hilfsmittel sein kann, um Umgebungen zu beschreiben oder zu lokalisieren.

Wir waren alle sehr zufrieden. Nach dem Dreh gingen wir gemeinsam essen. Für den kommenden Tag hatte Robert eine dreiteilige Interviewserie mit mir geplant. Am 13. Oktober nahm ich, direkt nach dem Dreh der Interviews, den Zug nach Koblenz.

Für die kommenden Monate erwartete Robert viel Arbeit. Im Studio schnitt er das Filmmaterial. Seine Vision war, eine Remote-Viewing-DVD zu veröffentlichen.

Im Januar 2012 veröffentlichte Robert in seinem Exo-Magazin den Kurzfilm »Lost in L.E.« über das Remote-Viewing-Experiment und den ersten Teil der Interviews, im Mai folgte der zweite Teil im ExoMagazin 2/2012. Der dritte Teil ist für das ExoMagazin 3/2012 geplant.

Im April bekam ich das Design für die DVD zugesendet. Diese trägt den Titel *Hellsichtigkeit* und ist inzwischen online zu erhalten, unter www.nuovisoshop.de

Hier die Einleitung von Robert zu unserem Remote-Viewing-Film auf seiner Webseite.

»Funktioniert Hellsehen wirklich? Wir machen den Test! (Robert Fleischer, Journalist, Koordinator *Exopolitik Deutschland*)

Der Schweizer Hellseher Martin Zoller (www.martinzoller.com) hat einen internationalen Kundenstamm, zu dem neben Unternehmen auch staatliche Behörden und sogar Präsidentschaftskandidaten zählen. Bekannt wurde er in der internationalen Presse, als er mithilfe seiner Medialität ein im bolivianischen Dschungel abgestürztes Privatflugzeug ortete und die Insassen gerettet werden konnten.

Unzählige Presseberichte zeugen von seinem medialen Engagement rings um den Erdball. Doch wie verlässlich sind die Vorhersagen des Hellsehers? Lassen sich seine Fähigkeiten objektiv überprüfen – und inwieweit stimmen sie mit der Realität überein? Um dies herauszufinden, haben wir gehörigen Aufwand betrieben.

Gemeinsam mit dem Filmemacher Frank Höfer von NuoViso.tv und zwei Drehteams testeten wir die von Martin Zoller behauptete Fähigkeit, eine Person nur mit Hilfe seiner Medialität und einer Landkarte aufspüren zu können. Dazu gaben wir ihm eine Stunde Zeit. Das erstaunliche Ergebnis stellen wir nun in unserem Kurzfilm Lost in L.E. vor.

Eines sei vorweg gesagt: Hardcore-Skeptiker wird dieser Film auch dann nicht von der Existenz medialer Fähigkeiten überzeugen, wenn wir versichern, dass beim Dreh alles mit rechten Dingen zuging, dass wir nichts manipuliert haben. Freigeistern jedoch könnte Lost in L.E. den Anstoß liefern, ihren eigenen bislang verborgenen Fähigkeiten ernsthaft auf den Grund zu gehen.

Die Bedeutung solcher Fähigkeiten für die Menschheit kann kaum überschätzt werden. Darum steht Lost in L.E. nicht nur unseren Aktivisten zum Anschauen zur Verfügung, sondern auch allen kostenlos registrierten Mitgliedern der ExoCommunity.«

Zum Abschluss möchte ich Robert und seinem Team für ihr Vertrauen danken! Die Zusammenarbeit hat viel Spaß gemacht und ich hoffe, dass viele Menschen durch das Video inspiriert werden. Unser Ziel mit der DVD war es, den Menschen aufzuzeigen, wie Remote Viewing funktioniert und hilfreich im Leben eingesetzt werden kann.

Neben der professionellen Arbeit habe ich in Robert einen sehr guten Freund gefunden. Auch dafür bin ich dankbar.

# Die Griechenland-
# Tragödie

In der griechischen Mythologie gibt es viele Tragödien. Götter, Halbgötter und Menschen schlugen sich um Weiber, Macht und Land. Auch in der modernen Geschichte Hellas' nahmen die Kämpfe nicht ab, nur die Statisten wurden modernisiert. Götter wurden ersetzt durch Politiker, Halbgötter durch Banker, nur das Menschlein blieb sich gleich. Fußvolk ist Fußvolk, daran hat sich in den letzten zweitausend Jahren nichts geändert und daran wird sich auch in den nächsten zehntausend Jahren nichts ändern.

Anfang April 2012, einen Monat vor den ersten Parlamentswahlen in Griechenland fragte mich eine Schweizerin, die in Griechenland wohnt, ob ich gewillt sei, etwaige Prognosen über die kommenden Wahlen zu erstellen.

Sie würde, so versprach sie mir, meine Vorhersagen an die griechische Presse weiterleiten.

Seit meiner Kindheit war ich fasziniert von Griechenland. Homer habe ich bücherweise verschlungen, meine Griechenland-Besuche sind in meine Erinnerungen gemeißelt wie Fresken in den Tempeln Spartas. Verständlicherweise war daher die Anfrage eine berufliche Herausforderung und mit viel persönlichem Interesse verbunden!

Mich faszinierte es, die Rolle des modernen Orakels von Delphi zu übernehmen, das zu jeder guten griechischen Tragödie gehört.

Ich bat die Dame um Fotos der modernen hellenischen Götter und um eine Beschreibung der momentanen Situation. Ich hatte mich mit aktueller griechischer Politik bis zu diesem Zeitpunkt noch nicht auseinandergesetzt. Im Internet recherchierte ich erst einmal über die verschiedenen Parteien, um die es hier ging, und machte mich mit den kommenden Abstimmungsdaten vertraut.

An einem der letzten Apriltage setzte ich mich vor meinen Computer. Ich war gerade in Basel. Das Wetter war wechselhaft. Die teilweise dicken Wolken am Himmel leisteten ihren Teil, um der Stimmung tatsächlich einen sehr mystischen Anstrich zu geben. Medial versetzte ich mich Richtung Olymp, um mich in die Wogen hellenischer Gegenwartsgeschichte zu stürzen.

Ich konzentrierte mich auf die zwei Hauptstatisten, die Führer der Pasok- und der Nea-Dimokratia (ND)-Partei. Stichdatum war der 6. Mai. An diesem Tag musste das griechische Volk wählen. Ein neues Parlament musste zusammengestellt werden. Eine klare Mehrheit hätte dann den neuen Ministerpräsident wählen müssen. Vor mir lagen die Fotos der zwei Parteiführer Antonis Samaras von der ND und Evangelos Venizelos von der Pasok.

An der Macht war damals die Pasok. Eine Wiederwahl war aber so gut wie ausgeschlossen. Das war die einzige Analyse, die von Journalisten und Politologen gewagt wurde. Alles andere war ungewiss. Meine Arbeit bestand jetzt darin, Wissen in das große Ungewisse zu bringen.

Meine erste mediale Analyse konzentrierte sich auf den 6. Mai. Ich sah die Pasok im ersten Schritt in einer guten Position, dann aber fallende Werte. Klar führend war die ND.

185

Ich konnte sehen, dass der 6. Mai keine konkrete Regierung hervorbringen würde. Als Nächstes sah ich die beiden großen Parteien in der neuen Regierung, mit der ND in stärkerer Position.

Dann konzentrierte ich mich auf Griechenland nach den Wahlen. Hier sah ich Folgendes:

Das Jahr 2012 wird für Griechenland sehr schwierig bleiben. Die Situation wird nicht besser. Die Regierung sah ich bis zu den nächsten Wahlen 2016 an der Macht bleiben.

In der Verbindung mit der EU sah ich es sehr schwierig werden. Im Jahr 2013 kommt es zu einem großen Streit zwischen Griechenland und der EU. Dennoch sehe ich Griechenland weiterhin in der EU verbleiben.

Das Jahr 2013 wird für das Volk keine großen Veränderungen bringen, sehr schwierig wird es im Sommer 2013. Griechenland wird den Kampf gegen die EU aufgeben müssen. Ich konnte zwischen 2012 und 2016 keinen Staatsbankrott sehen, aber auch keinen Austritt aus der EU.

Meine Vorhersagen schickte ich nach Griechenland. Die Dame gab meine Analysen an die Presse weiter.

Zusätzlich veröffentlichte ich meine Vorhersagen bei VISIONS auf meiner Webseite und auf Facebook (womit die Daten in der Veröffentlichung belegbar sind).

Kurz vor dem Wahlgang schickte ich meine Analysen noch an verschiedene Journalisten und Freunde, die in Griechenland lebten oder Griechen sind. Für die meisten war meine Vorhersage einer Allianz zwischen der ND und PASOK ein Ding der Unmöglichkeit!

Am 6. Mai stand ich früh auf, um mich auf den großen Tag vorzubereiten. Am Abend standen die Resultate bereits fest! Nicht ganz richtig war meine Vorhersage, dass die PA-SOK zu Beginn in einer besseren Position stehen würde. Des Weiteren waren aber meine Vorhersagen bis zu diesem Punkt richtig. Die ND war Gewinnerin der Wahlen.

In den folgenden Tagen wurde die Welt Zeuge eines weiteren Aktes moderner griechischer Tragödien. Dank meinen Vorhersagen war ich mir sicher, dass die Wahlen keine neue Regierung hervorbringen würden.

Die große Überraschung dieser Wahlen, Alexis Tsipras und seine SIRISA Partei, waren für mich als zukünftige Führer Griechenlands keine Alternative. In meiner Analyse sah ich die ND an der Macht und nicht die SIRISA.

Tsipras war mir überhaupt nicht sympathisch. Seine Aura zeigte viel Falschheit, Frustration und Hinterhältigkeit. Ihn wünschte ich mir nicht an der Macht eines Landes wie Griechenland. Die Griechen verdienen einen besseren Staatsführer.

Zwischen dem 9. Mai und dem 16. Juni wurde in der Weltpresse viel spekuliert. Die Börsen spielten verrückt, weltweit schoben sich die Politiker gegenseitig die Schuld für die griechische Tragödie in die Schuhe.

Während die Welt rätselte, spekulierte und Hypothesen über den Ausgang der Wahlen anstellte, sah ich dem Spektakel amüsiert zu. Für mich war klar, wie der Gewinner heißen würde und wie schnell nach den Wahlen der aktuelle Superstar griechischer Politik, zumindest für den Moment, wieder verschwinden würde.

Am Sonntag, dem 17. Juni, war der zweite Wahlgang. Fast gelangweilt verfolgte ich die Spekulationen der Weltpresse. Für mich und die Leser meiner Webseite stand der Gewinner bereits fest!

Am Abend wusste auch die Welt, wie der Gewinner der Wahlen hieß! Antonis Samaras und seine ND gewannen die Wahlen mit guten zwei Prozent Vorsprung. PASOK war an dritter Stelle, die SIRISA an zweiter.

Eine weitere Prophezeiung hat sich erfüllt, die ND war (wieder) Gewinner! Die Welt, allen voran die EU, war erleichtert!

In den folgenden zwei Tagen verhandelten die griechischen Götter im Olymp der nationalen Politik, um eine neue Regierung zusammenzustellen. Parteichef Venizelos stieg vom Pantheon hinab in die Welt der Sterblichen und gab bekannt, was die Welt sehnsüchtig erwartete! Eine neue Regierung wartete darauf, das Zepter im Land zu übernehmen. Geführt von der ND mit Samaras an der Macht, integrierte sich die PASOK in die Allianz der neuen Führung!

Auch in diesem Punkt erfüllte sich meine Vorhersage.

Delphische Orakel mischen heute noch genauso wie zur Zeit Trojas und Spartas in der Geschichte mit und erfüllen manchmal wichtige Aufgaben!

# Mediales Arbeiten im
# 21. Jahrhundert

Wie bereits erwähnt, übe ich meine medialen Tätigkeiten 2012 genau zwanzig Jahre aus. Mich damit auseinandergesetzt habe ich schon länger. Auf ein Leben bezogen, ist das nicht allzu lange, aber doch schon eine respektable Zeit.

Nähmen wir unsere Zivilisation als Vorlage, so sind diese zwanzig Jahre so gut wie nichts. Beziehen wir uns auf die Entwicklung der Menschheit, so müssten wir erst gar nicht davon reden. Zwanzig Jahre Menschleinexistenz, ein mittelgroßer Schritt für mich, unscheinbar für die Menschheit.

Medialität existiert jetzt ebenso lange wie die Menschheit. Medialität gehört gleich der Kreativität, Kriegskunst, dem Ackerbau oder der Medizin zu den ersten Erscheinungsformen menschlicher Handlungen. Früher waren Mediziner und Schamane oft dieselbe Person.

In der uns bekannten Gesellschaft wurde die Kraft der Medialität erst um das Mittelalter herum verdammt. Die Inquisition und später die Wissenschaft taten ihr Bestes, die eigenen Wurzeln der Intuition zu vergiften. Verlässt man diese durch Zivilisation rückständigen Kulturen wie Mitteleuropa oder die USA, so stößt man zum Glück noch auf natürliche und mit der Wurzel des Wissens verbundene Kulturen.

Den meisten heute bekannten Religionen ging eine mystische (Medialität zähle ich als eine Ausdrucksform der Mystik) Kultur voraus. In Europa, Südamerika, den USA und in Teilen Afrikas versuchte das Christentum, die Wurzeln der Mystik und der damit verbundenen Magie zu unterbinden. In Zentralasien und dem Fernen Osten kolonialisierte der Buddhismus etliche Kulturen und sorgte für das Verschwinden vieler mystischer Traditionen. Im Nahen Osten, Zentralasien und Teilen Afrikas sorgte der Islam für die Einschränkung oder gar Ausrottung vieler traditioneller Kulturen.

Fast überall mussten die Eroberer aber in ihrem Religionskrieg die Ursprungsmagie zumindest teilweise integrieren. In vielen Ländern Südamerikas, Zentralasiens oder Afrikas finden wir eine unglaubliche Symbiose dieser Vielfalt. Auch das Christentum in Europa ist, wie bestens bekannt, kein »reines« Christentum, sondern in den meisten seiner Feiertage und Rituale ursprünglich heidnisch!

Zum Glück gelang es keiner der heute als Weltreligionen bezeichneten Gruppierungen, die Wurzeln der Mystik und der Spiritualität ganz auszulöschen.

Auf meinen vielen Reisen auf fast allen Kontinenten (außer Australien) entdeckte ich zwei Regionen, die mit der Macht der Religion (oder Wissenschaft) und in ihrem Extremismus und Fanatismus der Mystik schaden möchten. Es handelt sich dabei um den östlichen Teil des Nahen Osten (Gegend um den Persischen Golf) und Mitteleuropa.

Die Wahrheit kann nicht unendlich niedergedrückt werden, was wir ohne Zweifel beobachten können. Die Seele und die Kraft des Menschen kann nicht getötet werden – weder physisch (Tod, Folter) noch geistig (Ignoranz).

Ich entdecke aber auch, dass sich vor allem in den zwei eben beschriebenen Regionen die Menschen wieder der persönlichen Mystik öffnen.

Heute mehr denn je können wir wieder offen miteinander über Spiritualität sprechen. Artikel über Intuition finden inzwischen sogar ihren Weg in die renommiertesten Zeitungen.

Im Sommer 2011 reisten meine Frau und ich durch Südamerika. Wir besuchten unzählige Museen, um viel über die Kulturen und Religionen lernen zu dürfen. In einem der Museen Quitos fanden wir sehr interessante Skulpturen. Sie zeigten Wesen, die halb Mensch, halb Tier waren. Als Erläuterung stand geschrieben, dass diese Wesen Schamanen auf ihren Astralreisen darstellen würden.

In ihrem Glauben, ähnlich dem verschiedener Kulturen auf der ganzen Welt, hat der Schamane die Möglichkeit, Astralreisen zu machen. Die Skulpturen unterschieden sich fast in nichts von den Bildern, die ich aus anderen Kulturen und natürlich aus eigener Erfahrung kannte. Wir waren fasziniert.

Für mich war das ein weiterer Beweis dafür, wie alt Medialität und die Kraft der Magie ist.

Lese ich in alten Schriften, so erfahre ich, wie wenig sich Medialität verändert hat. Ohne Zweifel wurden die Hilfsmittel eines modernen Magiers zeitgemäßer. Wir verwenden keine Tierknochen mehr, um Visionen zu sehen. Dennoch blieb die Sprache erstaunlich ähnlich oder archaisch. Ich las in Büchern über mediale Erfahrungen, die ich ebenso hatte wie die Menschen durch die Jahrhunderte in der ganzen Welt.

Vor zwanzig Jahren und bis vor wenigen Jahren reiste ich fast ohne Unterbrechung um den Globus, um meine Kunden zu beraten. Ende des 20. Jahrhunderts kam dann das Internet auf. Nicht anders als die Welt der Medialität existiert das Internet als non-physische Wirklichkeit. Dennoch ist es wahr und funktioniert. Meine ersten Erfahrungen damit waren eher spät. Erst nach der großen Jahrtausendwende öffnete ich mich dem neuen Werkzeug.

Heute gebe ich praktisch sämtliche Beratungen übers Internet. Sogar Menschen, die sich in derselben Stadt aufhalten wie ich, bevorzugen Beratungen via Internet. Für eine physische Beratung muss der Kunde zu mir kommen und sich im Durchschnitt einen halben Arbeitstag freinehmen. Heute muss er sich dagegen einfach eine Stunde ins Internet einloggen, um mit mir zu sprechen. Qualität und Preis sind übrigens über das Internet nicht anders als vis-à-vis.

Dank moderner Technik, den Web-Kameras, können der Kunde und ich uns direkt sehen. Vis- à -vis ist technisch trotz Distanz möglich.

Wir sind bereits dabei, Seminare über das Internet zu organisieren. Mit einer hochmodernen Kamera, Stativ, kabellosem Mikrofon, einem Laptop und neutralem Hintergrund kann weltweit ein kleines Aufnahmestudio aufgebaut werden, um Kurse zu geben. 2013 sollte es so weit sein.

Natürlich werden physische Reisen nie ganz verschwinden. Wäre auch schade. Es gibt für mich persönlich nichts Schöneres, als in einem Raum mit lieben Menschen zu sitzen, um ein Seminar zu geben, am Abend in der exotischen Stadt ein gutes Essen und ein fruchtiges Glas Rotwein zu genießen.

Der Magier des 21. Jahrhunderts, so habe ich es schon in meinem Buch Intuition als Schlüssel deiner Seele beschrieben, reist im Anzug über den Globus und berät seine Kunden weltweit. Der nächste Schritt – noch im selben

Jahrhundert – sind die Reisen im Internet. Das Flugzeug als modernes Hilfsmittel für Astralreisen wurde somit in nur wenigen Jahren vom kabellosen Internet ersetzt.

Ich fand mich schon in Kabul oder Lagos, um vor Ort Kunden zu beraten. Via Internet verband ich mich zwischen dem letzten Termin am Nachmittag und dem Abendessen mit einem Kunden in Argentinien und einer Kundin in Singapur. Zwischen den zwei Beratungen via Internet beantwortete ich E-Mails an Seminarorganisatoren in Deutschland und Beirut. Mein Webmaster in der Schweiz hingegen arbeitete an einer neuen Webseite für mich, um meinen Internetauftritt zu modernisieren.

Noch wird dieses Buch in der Printversion erscheinen. Als Novum (für mich) gleichzeitig als E-Book. Auch hier ist die Modernisierung erkennbar. Obwohl Hellseher, kann ich die Weiterentwicklung der Technik nicht ohne Weiteres vorhersehen. Vielleicht werden für uns die wildesten Science-Fiction-Bücher und -Filme bald Wirklichkeit und wir bewegen uns nur noch mit der Kraft der Gedanken und haben die Möglichkeit, Materie mit dem Geist zu bewegen.

Erreichen wir das, wären wir unseren Legenden und Mythologien wieder erstaunlich nahe. Wir wären wieder dort, wo unsere Vorfahren vermutlich schon waren.

Das Rad der Zeit dreht sich. Wie, wohin und mit welchem Ausgang liegt nicht in den Sternen, sondern in den Händen der Menschheit!

# 2012
## und andere Prophezeiungen

Prophezeiungen sind so alt wie die Menschheit und ziehen jedermann in ihren Bann.

»Als Prophezeiung – auch Weissagung oder Verheißung – bezeichnet man in religiösen Kontexten eine Voraussage von Ereignissen in der Zukunft. Der Oberbegriff für gesammelte mündliche oder schriftliche Prophezeiungen, meist einer Einzelperson, ist Prophetie. Dieser Ausdruck stammt vom altgriechischen propheteía für ›aussprechen‹, ›aussagen‹ oder ›für jemanden sprechen‹ (φημί phēmí = ich spreche; pro = für, heraus, anstelle).

Prophezeiungen kommen in vielen Religionen in unterschiedlichsten Zusammenhängen, aus verschiedenen Anlässen und aufgrund verschiedener Empfangsweisen der prophezeiten Botschaft vor. Die altorientalischen Kulte kennen vielfältige Arten von Orakeln, regelmäßigen Befragungen an Opferstätten oder vor Schlachten, ekstatischen Ausnahmebotschaften, Traumvisionen, als Prophezeiung gedeuteten Medien wie Tierorganen, Vogelflug, Verzückung oder Audition usw.« (Wikipedia)

Generäle, Hausfrauen, Könige, Geschäftsleute, Studenten, Minister, Menschen sämtlicher Kulturen und Zeitperioden haben sich Prophezeiungen bedient, um mögliche Ereignisse der Zukunft rechtzeitig erahnen zu können.

Prophezeiungen können ein Kollektiv oder auch nur eine einzelne Person betreffen. Es gibt Vorhersagen, die gewollt gesucht werden, und andere, die sich »ungewollt« oder »ungesucht« manifestieren.

Bereits in der Bibel wird beschrieben, wie Traumdeuter und Propheten Visionen oder Träume als Prophezeiungen deuteten. Die Geschichte ist gefüllt mit Erzählungen vergangener Staatsmänner, die sich von Prophezeiungen führen ließen. In Legenden und Märchen finden sich unzählige Helden, die so geleitet wurden, um ein Dorf, ein Königreich oder die ganze Menschheit zu retten.

Weltweit bedient sich die Filmindustrie des Phänomens der Vorhersagen, um nervenkribbelnde Kassenschlager zu produzieren. Egal ob in der Geschichte, in Legenden, Filmen und Büchern, überall begegnen uns Prophezeiungen.

Manche sind eher banal, andere sehr spektakulär. Beliebte Daten für Prophezeiungen sind Jahrhundert- oder Jahrtausendwenden. Bis zum heutigen Datum waren diese, wie wir wissen, eher unbedeutend. Dafür kennen wir Vorhersagen von begnadeten Visionären wie Nostradamus oder Edgar Cayce. Während ersterer den meisten durch Bücher und Filme ein Begriff ist, kennen Cayce noch nicht so viele Menschen. Und das, obwohl er ohne Zweifel ebenso gut war wie Nostradamus.

Geboren wurde er am 18. März 1877 in Hopkinsville, Kentucky, USA. Er verstarb am 3. Januar 1945 in Virginia, USA. In Trance gab er Antworten zu Fragen über Themen wie Gesundheit, Astrologie, Reinkarnation und Atlantis.

»Die heute dafür bekannte Bezeichnung ist Channeln. Da er in Trance arbeitete, wurde er als der ›schlafende Prophet‹ bekannt. Er arbeitete anfangs als Buchhändler und Fotograf. Seine Publikationen in englischer Sprache umfassen 300 Bände. Heute gibt es *Edgar Cayce Center* in den USA und 25 weiteren Ländern.

Cayce wurde zu Lebzeiten als ›Prophet‹, als Mystiker, Seher und *hellsichtig* bezeichnet. Ihm wurden Fragen von Ratsuchenden gestellt, die gewöhnlich nicht mit im Raum waren. Am Beginn von Cayces Karriere als Medium ging es ausschließlich um Fragen zu Gesundheit und Krankheit. Später bezog er Antworten auf Fragen nach früheren Leben und Karma mit ein. Cayce wollte mit seinen Antworten nach eigener Aussage den Ratsuchenden helfen, ein ›besseres Leben‹ zu führen. Außerdem rief er dazu auf, seine Aussagen zu prüfen, statt sie als unumstößliche Wahrheit anzusehen. Cayce wurden von seinen Anhängern auch die Fähigkeiten des Wahrsagens, der Kontaktaufnahme mit Verstorbenen und des Aurasehens zugeschrieben.« (Wikipedia)

Neben Einzelberatungen machte er auch viele Vorhersagen zu zukünftigen Ereignissen. Wichtig finde ich seine Aussage, dass Prophezeiungen auch verändert werden können.

Ich komme mit meiner Erfahrung zu einer ähnlichen Schlussfolgerung. Im Einzelfall ist es ohne Zweifel sehr oft möglich, Prophezeiungen zu verändern. Wird in einer Sitzung eine schwierige oder gar gravierende Situation erkannt, so hat der Betroffene oft die Möglichkeit, durch aktives Handeln diese zu verändern.

Sehe ich bei einer Person ein großes Problem in der Partnerschaft auftauchen, so wäre die nackte Vorhersage des Problems die Prophezeiung. Mit dem freien Willen hat der oder die Betroffene jetzt die Möglichkeit, die Situation zu beeinflussen. Man kann natürlich auch wieder medial die Ursache der Probleme analysieren. Der Kunde hat dann die Möglichkeit, zu einem Therapeuten zu gehen, um dort die Situation anzugehen.

Um die Probleme effizient verändern zu können, ist es in so einem Fall natürlich wichtig, dass beide Partner an einer Veränderung interessiert sind.

Etwas schwieriger verhält es sich mit kollektiven Vorhersagen wie politische Unruhen oder eine Naturkatastrophe. Obwohl rechtzeitig erkannt, ist es in den meisten Fällen unmöglich, positiven Einfluss zu nehmen.

Wie sollte man einen Bürgerkrieg oder einen Tsunami beeinflussen oder verhindern? Bürgerkriege werden politisch und in den meisten Fällen aus dem Ausland gesteuert und finanziert. Dutzende oder gar Hunderte von Menschen sind involviert, organisieren und ziehen Drähte im Hintergrund. Multinationale Konzerne mit scharfsinnigen Werbefirmen und Anwälten orchestrieren Pressekampagnen, um im betroffenen Land, aber auch im Ausland eine Stimmung der Wut und des Hasses zu erzeugen.

Bei einem Tsunami schieben sich Kontinentalplatten gegeneinander oder speien Vulkane im Meer ihre Lava in die unendlichen Wassermassen der Ozeane und provozieren so Riesenfluten. Es ist unmöglich auf Ereignisse solcher Gewalt und Größenordnungen, Einfluss zu nehmen.

Vorhersagen oder Prophezeiungen gehören zu meinem Alltag wie die Malpalette zum Künstler. Tag für Tag sehe ich Bilder von Einzel- und Kollektivschicksalen. Manche kommen gesucht, angeregt durch Fragen. Andere unerwartet, ungewollt und überraschen selbst mich.

Bei Einzelberatungen analysiere ich die Bilder mit meinem Kunden und wir besprechen dann, was damit erreicht werden kann. Wir arbeiten mit der Situation wie ein Bäcker mit dem Teig, um ein schmackhaftes und gesundes Brot herzustellen.

Kollektive Visionen veröffentliche ich entweder im Internet oder der Presse. Journalisten aus verschiedenen Ländern und Kontinenten kommen immer wieder auf mich zu und bitten mich um Vorhersagen zu wirtschaftlichen oder politischen Situationen.

Unter diesen Vorhersagen waren viele sehr positive, aber auch etliche sehr negative und traurige. In keiner der tragischen Vorhersagen war es mir möglich gewesen, auch nur im Geringsten Einfluss zu nehmen.

Ich werde immer wieder gefragt, warum ich nach meinen Vorhersagen zum Beispiel zu einem Konflikt nicht an die Öffentlichkeit appelliere, etwas zu verändern. Leider ist es so, dass die Öffentlichkeit in den meisten Fällen überhaupt kein Interesse daran hat, einen Konflikt zu verhindern. Entweder ist die Masse durch die Medien bereits so manipuliert, dass sie den Politikern und Wirtschaftsmogulen glaubt, oder sie ist an einer Lösung nicht interessiert, weil davon der zukünftige Preis eines Rohstoffes abhängig ist.

Ich sehe oft, wie schwierig es bereits ist, in einer kleinen Gruppe eine Vorhersage zu ändern. Jedes kleine Ego hat seine Interessen und Vorstellungen, möchte sich durchsetzen und Vorteile ziehen. Nur ganz selten ziehen alle Individuen am selben Strang, offen und ehrlich im Interesse des Kollektivs.

Religiöse Vorhersagen sind ein anderes und ebenfalls sehr beliebtes Thema. Erst recht und speziell in diesem Jahr 2012. Bereits in den Neunzigerjahren hörte ich zum ersten

Mal von den berühmt-berüchtigten Maya-Prophezeiungen. Bei mehreren Anlässen lernte ich später José Argüelles kennen. Er hat viel über den Mayakalender und die damit zusammenhängenden Prophezeiungen geschrieben. Vor allem ihm ist die Bekanntmachung dieser Vorhersagen zu verdanken. In den Neunzigerjahren war die Menschheit aber erst noch mit einem anderen Stichdatum beschäftigt. Die Jahrtausendwende stand bevor. Auch dieses Datum war mit verschiedensten Prophezeiungen verbunden, nicht nur spiritueller Natur, sondern auch technischer. Aber weder fielen die Flugzeuge vom Himmel, noch wurden wir Opfer größerer Naturkatastrophen.

Nach dem 1. Januar 2001 und als die Welt noch stand, war der Blick frei in Richtung nächstes Stichdatum, dem 21. Dezember 2011. Seit der Zeit jagte eine Theorie die nächste. Jeder, der etwas auf sich hielt, musste zumindest eine Vorhersage zum Jahr 2012 machen. Auch ich blieb nicht davon verschont und ertappte mich dabei, wie ich meine Ideen in Vorträgen oder Seminaren mitteilte. Im Gegensatz zu den meisten anderen Analysen waren meine unspektakulär.

Die vielen Vorhersagen gehen vom Weltuntergang aus, wie in Roland Emmerichs Film 2012, bis zu feinstofflichen Erhöhungen spiritueller Schwingungen.

Seither ist jede Naturkatastrophe, jeder Krieg oder jede wirtschaftliche Misere ein Vorbote der totalen Vernichtung oder der feinstofflichen Veränderung. Je nachdem an welche der Prophezeiung man glauben möchte. Nicht nur Hollywood entdeckte die Maya-Prophezeiungen. Buchhandlungen wurden mit Büchern, DVDs und CDs zum Thema geradezu überschwemmt!

Je näher das Jahr rückte, umso vorsichtiger wurden die Prognosen. Heute, am Ende des ersten Viertels 2012, befindet sich die Welt in einer Wartephase. Noch immer gibt es viele, die von einem totalen Ende ausgehen. Die häufigsten Versionen sprechen von einem Dimensionssprung oder einer einfachen Erhöhung spiritueller Wahrnehmungsschwingungen. Letztere befinden sich auf der sichersten Seite. Egal was passiert oder auch nicht passiert, es kann immer behauptet werden, dass irgendwelche Schwingungen sich verändert haben. Da diese erst in zweihundert Jahren sichtbare Resultate zeigen würden, müsse man halt noch geduldig warten.

Interessanterweise sahen die Mayas das Thema viel gelassener als der Rest der Welt. Es scheint, sie waren sich auch nicht einig, was genau passieren wird.

Zu Beginn des Jahres war ich zu einem Podiumsgespräch eingeladen. Natürlich wurde das Thema angesprochen. Leicht genervt antwortete ich auf die Frage, was meine Einstellung zu dem Thema sei, dass ich hoffe, es sei bald der 1. Januar 2013. Dann könne man das Thema zur Seite legen.

Ohne Zweifel war 2012 ein unglaublicher Kassenschlager. Zumindest von diesem Gesichtspunkt aus hat sich für viele das Stichjahr gelohnt.

Ich bin davon überzeugt, dass wir in einer Zeit der Veränderungen leben: Neue Technologien entstehen (wie immer), tragische Naturkatastrophen erschüttern den Planeten (Eiszeiten, Polverschiebungen oder zyklische Katastrophen gab es seit der Existenz des Planeten), neue Krankheiten (auch nicht ganz neu) überziehen den Planeten, Prophezeiungsdaten werden erreicht (ebenso wenig neu) und Menschen öffnen sich bewusster spirituellen Themen (der Drang zum Lernen liegt dem Menschen im Gen). Mit anderen Worten, Veränderungen ja, neu oder außergewöhnlich nein!

Veränderungen können richtig oder falsch genutzt werden. Das jedoch hängt nur von uns Menschen ab.

Zum Ende diesen Jahres 2012 habe ich mich für eine Atlantiküberquerung angemeldet. Wir segeln in einem Katamaran von Spanien in die Karibik. Vermutlich werden wir um den 21. Dezember in der Nähe der Karibik sein. Würde entgegen meiner intuitiven Wahrnehmungen, Gefühle und Gedanken an diesem Tag die Welt untergehen, so würden wir vom Ozean verschluckt und in die unendlichen Tiefen gerissen. Finden an dem Datum Polverschiebungen statt, so könnten wir sogar Glück haben. Riesenwellen sind auf dem Meer nie so stark spürbar wie auf dem Land. Vielleicht kommen wir auch in der Karibik an und finden sämtliche Inseln verlassen vor, weil die gesamte Menschheit in geistige Dimensionen entschwunden ist und nur wir den Quantensprung verpasst haben! Das wäre natürlich blöd.

Ich jedoch gehe davon aus, dass wir nicht nur den 21. Dezember überleben, sondern auch Neujahr und an einem wunderbaren Strand in der Karibik *Piña Colada* schlürfen.

Am 1. Januar 2013 werden weltweit Menschen damit beschäftigt sein zu erklären, warum wir immer noch Menschen sind, warum wir weder von Außerirdischen gerettet wurden noch einen Quantensprung durchmachten. Da ich die Fantasie der Menschen kenne, dürfte es jedoch kein Problem sein, Erklärungen dafür zu finden, ohne das Gesicht zu verlieren.

Prophezeiungen, mediale Führungen oder Vorhersagen sind hilfreich, unterstützend und ergänzend. Sie können aber nie verallgemeinert werden. Jede Situation muss extra analysiert werden. Prophezeiungen sollten Anregungen sein und nicht Entschuldigungen!

Es liegt dem Menschen im Blut oder in den Genen, dass er in einer speziellen Zeit leben muss, in einem speziellen Land, sich der richtigen Religion zuwendet oder zu den Auserwählten gehört. Absonderungen und Hervorhebungen aus der Masse gehören zur Individualisierung. Jede Kultur benötigt ihre Einzigartigkeit, egal ob in Religion, Politik oder Wissenschaft. Religionen und Prophezeiungen werden von der Zeit überrollt, ebenso wie technische Errungenschaften oder Weltmächte.

# Mediale Technik:
## Spüren mit der Hand

Nicht nur das schon so oft erwähnte intuitive Auge ist ein sehr kraftvolles Hilfsmittel in der Medialität, sondern tatsächlich auch die Hände. Das von mir 1999 gefundene Flugzeug habe ich mit meiner linken Hand aufgespürt. Die in meinem Buch *Hellsichtig* beschriebenen gestohlenen Computer habe ich ebenfalls mit meiner Hand gespürt und finden können. Viele vermisste Menschen konnte ich dank meiner linken Hand wahrnehmen und Hinweise zum Aufenthaltsort geben.

Auch wenn es schwerer nachvollziehbar ist, als es sich lesen mag: Es ist an sich sehr einfach! Die Hand wird ähnlich einem Metalldetektor eingesetzt und die Technik kann erlernt werden.

In einem ersten Schritt sollte man spüren können, welche der beiden Hände die sensitivere ist. Bei mir ist es die linke, da ich Linkshänder bin. Normalerweise ist es die von Natur aus benutzte Hand.

Es spielt keine Rolle, ob man während des Spürens Ringe, eine Uhr oder Armbänder trägt.

Möchte ich eine Person oder ein Objekt aufspüren, verlange ich zuerst ein Foto der Person oder des Gegenstandes. Ich konzentriere mich auf das Bild, bevor ich mich in eine Meditation vertiefe. In der Meditation visualisiere ich mir das Bild, strecke meine linke Hand aus und fahre über die Landkarte, um die Person oder den Gegenstand aufzuspüren. Spüre ich ein Kribbeln in meiner Handfläche, zeigt mir dies, dass ich am richtigen Ort bin.

Erfahrungsgemäß ist der erste Fundort der richtige. Dennoch wiederhole ich zwei- bis dreimal das Ritual, um sicherzugehen, dass ich am richtigen Ort bin. Bei den zweiten und dritten Anläufen drehe ich die Karte vor mir, um nicht wissen zu können, wo oben und unten ist. So verhindere ich, dass ich unbewusst im selben Armwinkel wie das erste Mal stoppe, einfach, weil ich weiß, dass ich dort beim ersten Versuch etwas spürte.

Die Technik kann unkompliziert ausprobiert werden. Für den ersten Versuch empfehle ich, einen Ring aufzuspüren. Für das Experiment benötigt man einen Ring (am besten vom Ehepartner, von einem Freund, den Geschwistern oder einem Elternteil), ein Tuch und eine flache Unterlage (Tisch, Boden).

Den Ring legt man unter das Tuch auf die flache Unterlage, vor der man sich bequem hinsetzt. Jetzt schließt man die Augen und bewegt mit beiden Händen das Tuch hin und her, damit sich der Ring verschiebt und man nicht mehr weiß, wo er liegt.

Sicherer ist es, jemanden anderen zu bitten, den Ring unter das Tuch zu legen. So schließt man gänzlich aus, dass gewusst werden kann, wo der Ring sich befindet.

Mit geschlossenen Augen sitzt man dann vor dem Tuch und streckt die sensitive Suchhand über eine Ecke des Tuches. Befindet sich eine zweite Person beim Experiment, dann kann diese die Hand über einen der Zipfel führen.

Vor dem geistigen Auge visualisiert man sich jetzt den Besitzer des Ringes. Steht das Bild klar und deutlich, bewegt man die Hand langsam über das Tuch. Vorzugsweise zwischen zehn bis fünfzehn Zentimeter über dem Tuch. Auf der einen Seite visualisiert man die Person, auf der anderen konzentriert man sich auf die suchende Hand und achtet auf ein Kribbeln oder eine leichte Erwärmung der Handfläche. In diesem Falle verbindet man sich medial mit der Person, deren Energie (Aura) im Ring ist. Der Besitzer gibt durch das Tragen seine Seelenkraft an den Ring und diese versucht man zu spüren.

Taucht das Kribbeln auf, versucht man, sich zu merken, wo es ungefähr war, oder man gibt der zweiten Person Bescheid, wo man etwas spürt. Empfehlenswert ist es, weiterzumachen, bis man das ganze Tuch erfühlt hat. Es kann vorkommen, dass man bei den ersten Versuchen zuerst ein Falschsignal erhält, dafür aber die zweite Stelle dann die richtige ist.

Ein gutes Beispiel dazu war mein Fall in Leipzig. Dort musste ich eine Person finden. Ich spürte zwei Stellen, die Person befand sich bei der zweiten Lokalität, die ich spüren konnte.

Na, hat's funktioniert? Ja? Toll! Herzlichen Glückwunsch. Nein? Nicht verzagen, es ist noch kein Meister vom Himmel gefallen! Übung macht den Meister!

Die zweite Übung, die ich hier vorstellen möchte, ist etwas schwieriger. Dafür benötigt man das Foto einer Person und eine Landkarte der Gegend, in der sich die Person auf dem Foto befindet, sowie einen Kugelschreiber. Entweder man wählt eine Person aus, die man kennt und von der man nicht genau weiß, wo sie sich zum Zeitpunkt des Experimentes aufhält. Oder man macht es wieder zu zweit und der Partner wählt eine Person aus, von der er weiß, wo sie ist. Oder auch nicht. Alle drei Variationen sind möglich. Der weitere Ablauf ist wie beim Ring. Man meditiert mit dem Foto der Person. Die Augen werden geschlossen und die Suchhand über eine Kartenecke gelegt. Abstand wie gehabt. Langsam fährt man über die Karte. Da man nicht weiß, wo die Person sich befindet, darf man ruhig die Augen ab und zu aufmachen, um zu sehen, ob man noch über der Karte ist.

Spürt die Hand das Signal, öffnet man die Augen und bezeichnet die Stelle mit dem Kugelschreiber. Trotzdem ist es jetzt auch wichtig, die Karte bis zum Ende abzusuchen.

Nun kommt der spannende Moment. Man kann die Person, um die es geht, anrufen und fragen, wo sie sich gerade befindet. Wurde die Übung mit einem Partner gemacht, der weiß, wo sich die Person aufhält, kann dieser sagen, ob man richtig lag oder nicht.

Diese Tests können beliebig oft gemacht werden. Es ist empfehlenswert, sie entspannt durchzuführen. Eine Meditation vor der Übung gehört in jedem Fall dazu. Man sollte sie nicht schnell mal während der Mittagspause, zwischen Telefonanrufen und Meetings machen, das ist nicht empfehlenswert.

Mindestens zwei bis drei Stunden vor einer dieser Übungen sollte man aufhören, elektronische Geräte mit der Hand zu benutzen. Ganz schädlich sind Handys und Laptops. Diese haben extrem starke Ausstrahlungen und stören beträchtlich die Wahrnehmungsfelder der Hand.

Fallbeispiele dazu aus meinem Buch *Hellsichtig*:
– In Bolivien wird ein Flugzeug vermisst, Seite 23
– Gestohlene Computer aufgespürt, Seite 144

# Mediale Technik: Visualisieren der Aura über Distanz

Die Aura ist unser feinstofflicher Körper. Dieser kann von nah und fern wahrgenommen werden. Hellsichtige Menschen können Auren sogar zeit- und raumlos erkennen.

Zeitlos, weil die Aura Aspekte der Vergangenheit und der Zukunft in sich trägt. Raumlos, weil man sie auch über große Distanzen wahrnehmen kann.

Die Aura lässt sich für die meisten Personen direkt über das dritte (intuitive) Auge sehen. Einige sehen die Aura nicht, spüren oder fühlen sie aber. In diesen Fällen empfängt der Betrachter keine Bilder, sondern fühlt Emotionen oder nimmt über seinen Körper die Symptome war. Zum Beispiel spürt man Trauer, Freude oder Bedrücktheit. Das sind Emotionen, die übertragen werden. Handelt es sich um physische Symptome, kann der Betrachter Schmerzen an Körperteilen spüren, ein Kribbeln im Bauch oder im Kopf. Es gibt noch eine weitere Form, eine Aura wahrzunehmen: das Wissen! In diesem Fall wird weder gesehen noch gespürt oder gefühlt, sondern man weiß einfach, um was es geht.

Nicht selten vermischen sich diese Wahrnehmungsformen. Man sieht Bilder oder Farben, fühlt Emotionen und spürt körperliche Symptome.

Der erste Schritt bei dieser medialen Technik ist, dass der Übende für sich erkennt, welche Form der Wahrnehmung er in sich trägt. In meinen Büchern *Hellsichtig* und *In-*

*tuition als Schlüssel deiner Seele* oder auch auf meiner Meditations-CD habe ich Übungen zum Erkennen gegeben. Hat sich diese Frage geklärt, kann man direkt weiterlesen.

Für diese Arbeit benötigt man wieder das Foto einer Person, die analysiert werden soll, einen Schreibstift, Papier und einen ruhigen Ort.

Nach einer kurzen Meditation werden die Augen geöffnet und man betrachtet das Foto.

Die Augen wieder geschlossen, visualisiert man sich die Person mit dem inneren Auge und konzentriert sich leicht über oder um den »physischen« Körper. Oder man stellt sich vor, wie der Körper sich öffnet und den Blick in die Seele freigibt.

Jetzt versucht man, ohne Erwartungen und Verkrampfungen zu sehen, zu spüren oder zu fühlen, was man erkennt.

Um die Person herum können sich Bilder manifestieren. Farben tauchen auf, Emotionen werden gespürt, am eigenen Körper nimmt man auf angenehme oder unangenehme Art Organe oder Körperteile wahr.

Zwischendurch kann man kurz die Augen öffnen und das Gesehene notieren.

Spürt man, dass nichts mehr wahrgenommen wird, löst man sich aus der Aura der Person und schließt die Übung ab.

Anschließend kann man die Person kontaktieren und fragen, wie es ihr geht oder was sie eben gemacht hat, und vergleicht dann, wie das, was man gehört hat, zum medialen Lesen passt.

Man kann sich auch eine bestimmte Person für die Analyse aussuchen. Zum Beispiel wenn man weiß, dass diese Person eine Prüfung ablegen muss oder ein Vorstellungsgespräch hat.

Wieder meditiert man und visualisiert sie zum Zeitpunkt der Situation oder danach und versucht, zu spüren oder zu sehen, wie das Energiefeld aussieht, positiv oder negativ, freudig oder ängstlich.

Diese Wahrnehmungen interpretiert man dann, auf die Situation bezogen, und zieht daraus seine Schlüsse.

Auch hier kann man später das Gefundene nachprüfen, indem man die Person nach dem Ausgang befragt.

Diese Übung lässt sich auch mit Personen, die man nicht persönlich kennt, die aber bekannt sind, machen. Zum Beispiel mit Politikern vor Wahlen oder mit Sportlern während Wettkämpfen. Wie bereits beschrieben, konzentriert man sich in der Meditation auf die Person und versucht zu spüren, wie sie sich nach Ausgang der Situation fühlt.

Später vergleicht man seine Bilder mit der eingetretenen Situation.

Fallbeispiele dazu aus meinen Büchern:
*Hellsichtig*, Tschechische Touristin im Dschungel vermisst, Seite 39
*Hellsichtig*, FARC-Aktivitäten in Bolivien, Seite 78
*Intuition als Schlüssel deiner Seele*, Max Göldi, Seite 127

# Mediale Technik:
## Visualisieren von Orten

Die von mir bereits in meinen früheren Büchern beschriebene Technik Remote Viewing (RV) beschäftigt sich unter anderem mit dem Visualisieren von Orten. Remote Viewing (englisch) bedeutet so viel wie »fernes Sehen« und ist eine Technik, die in den Siebziger- und Achtzigerjahren in den USA entwickelt wurde. Ich setze klassisches, aber meistens mit meinen eigenen Techniken versehenes Remote Viewing seit Jahren erfolgreich ein.

Möchte man sich an einen unbekannten Ort visualisieren, gibt es zwei Möglichkeiten. Erstens, man macht eine Astralreise, expandiert also seine Aura und besucht den besagten Ort. Zweitens, man arbeitet mit dem intuitiven Auge, um sich Bilder des Ortes oder der Umgebung zu vergegenwärtigen. Beide Möglichkeiten sind richtig eingesetzt effektiv und zuverlässig.

Remote Viewing funktioniert so gut, dass es auch im medial eher rückständigen Mitteleuropa mehr und mehr eingesetzt wird, nicht nur von spirituellen Menschen, sondern auch von Geschäftsleuten, Politikern oder der Polizei.

Orte können als Bilder oder Filme visualisiert werden. Das heißt, man erkennt Bilder, vergleichbar mit zum Ort passenden Filmen. Oder man beobachtet einen Film und fliegt oder gleitet durch den Ort. Bei Astralreisen sieht man automatisch Filme. Bei Visualisierungen über das intuitive Auge können es »Fotos« oder Filme sein.

Möchte man sich auf eine Lokalität konzentrieren, ist es hilfreich, vor Ort eine »Antenne« zu haben. Diese Antenne kann eine Person, ein Objekt oder ein Gebäude sein. Das hilft dabei, den Ort anzupeilen. Man kann sich die Antenne als Magnet vorstellen, der den medialen Beobachter an den Ort zieht.

Beim RV kann die Antenne zum Beispiel ein Codewort oder ein Briefumschlag sein, auf den man sich konzentriert, um Bilder zu empfangen.

Möchte man sich die neue Wohnung eines Freundes vorstellen, konzentriert man sich in der Meditation auf ihn und öffnet sich für Eindrücke seines Lebensraumes.

Geht es um ein Haus, in dem man niemanden kennt, so kann man sich ein Bild oder die Adresse besorgen und visualisiert sich dann in das Innere des Hauses.

Man sollte allerdings nicht erwarten, sämtliche Einzelheiten der Einrichtung zu erkennen. Das würde die Erwartungen zu hoch stecken. Vielleicht spürt man, ob mehrere Personen oder nur eine im Haus oder der Wohnung wohnen. Oder man sieht ungefähr, wie die Wohnung eingerichtet ist, oder erhält klare Bilder zu einzelnen Räumen, aber nicht unbedingt zum ganzen Haus.

Sogar vermisste Gegenstände können so eingegrenzt werden. Verliert ein Freund oder Familienangehöriger seine Brille, kann man versuchen, Bilder der Umgebung zu visualisieren. Diese Bilder beschreibt man und gibt sie dem Besitzer weiter. Der müsste nun analysieren, zu welchem Ort diese Bilder am besten passen.

Handelt es sich um einen wie eben beschriebenen Fall, kann der mediale Leser eine Örtlichkeit auch eingrenzen. Sieht man Bilder, stellt man die richtigen Fragen, um den

Ort zu lokalisieren. »Handelt es sich bei den Bildern, um das Haus des Brillenbesitzers, ja oder nein?« »Ist das Zimmer, das ich sehe, im ersten oder zweiten Stock?« Intuitiv spürt man normalerweise die richtige Antwort.

Natürlich gibt es auch für diese Technik simple Übungen. Am effektivsten geht das mit einem Partner.

Diesen bittet man, ein Objekt im Haus zu verstecken. Dieses Objekt kann ein Ring, eine Skulptur, ein Bild oder irgendetwas anderes sein. Ein Foto des Objektes vor sich zu haben hilft bei der Visualisierung. Für diese Übung benötigt man also das Foto des Objektes, einen Stift und Papier.

Entspannt blickt man auf das Foto und konzentriert sich auf das Objekt. Mit geschlossenen Augen konzentriert man sich auf den Gegenstand. Jetzt öffnet man das intuitive Auge oder versucht, sich mit einer Astralreise zum Ort zu begeben, an dem sich das Objekt befindet.

Egal welche Technik eingesetzt wird, es geht immer darum, Bilder oder auftauchende Filme zu erkennen. Hier muss nichts interpretiert werden. Die Bilder sind eins zu eins der Wirklichkeit entsprechend. Sind die Bilder statisch, versucht man, diese auszudehnen, um eine bessere Idee der Umgebung zu erhalten. Sieht man einen Film, folgt man den Eindrücken.

Um keine Eindrücke zu vergessen, kann es von Vorteil sein, ab und zu die Augen kurz zu öffnen, um das Gesehene niederzuschreiben.

Handelt es sich bei der Antenne um eine Person, geht man nicht anders vor. Bei vermissten Menschen setzt man hauptsächlich diese Technik ein, um Hinweise über den möglichen Aufenthaltsort zu erhalten.

Wie bereits in den vorhergegangenen Kapiteln zu den Techniken vergleicht man im Nachhinein das Gesehene mit der physischen Wirklichkeit.

Üben kann man hier auch mit Tageszeitungen. Werden Menschen vermisst oder wird ein wichtiger Gegenstand gestohlen, analysiert man den Ort, an dem sich die Person beziehungsweise der Gegenstand befinden könnte. Später, tauchen die Person oder der Gegenstand wieder auf, versucht man, anhand der Pressemitteilungen zu erkennen, ob die Bilder dazu gepasst haben.

Die Übung ist sehr anspruchsvoll und es empfiehlt sich, sie erst bei größter Entspannung durchzuführen. Es ist sehr wichtig, genug Zeit dafür zu haben. Nach Feierabend, an einem Wochenende oder früh am Morgen sind gute Momente.

Die von mir hier beschriebenen Techniken können ohne Weiteres kombiniert werden. Erst kann eine Person über ihre Aura analysiert werden, um zu sehen, wie es ihr geht, und in einem zweiten Schritt kann die Umgebung beschrieben werden.

Fallbeispiele:
*Wenn die Dämonen rufen*, Der Fürst der Dunkelheit,
     Seite 74
*Hellsichtig*, Entführt! Seite 175
*Intuition als Schlüssel deiner Seele*, Entführtes Kleinkind
     gefunden, Seite 69
DVD *Hellsichtigkeit*

# Mediale Technik:
## Visualisieren von Ereignissen

Der Intuition sind Grenzen gesetzt, dennoch lässt sie sich sehr vielseitig einsetzen!

Jede Person und mit nur wenigen Ausnahmen auch jeder Gegenstand, ein Ort oder jedes Ereignis strahlt eine Energie aus. Diese Energie wird über die morphogenetischen Felder und telepathischen Strömungen in die Weiten von Raum und Zeit getragen. Emotionen sind die am einfachsten wahrzunehmenden Schwingungen. Logischerweise sind somit Ereignisse mit starken Emotionen am leichtesten erkennbar oder medial zu sehen.

Jede dieser Situationen sendet Wellen aus. Diese Wellen werden rund um den Globus gesendet und von Antennen (sensitiven Menschen) aufgenommen. Der Empfänger übersetzt die Signale dann in seine eigene Gedankenstruktur, Sprache und Bilderwelt. Aus diesem Grund kann eine Situation sehr unterschiedlich visualisiert werden. Wichtig ist allein, dass die Interpretation dieser Bilder korrekt erfolgt.

Es ist überhaupt nicht erstaunlich, dass sehr viele Menschen Tsunamis oder große See- und Erdbeben immer wieder in Träumen oder Visionen spüren. Naturkatastrophen mit viel Leid und Opfern lösen logischerweise eine unglaubliche Welle an Trauer und Schmerzen aus. Wie eine Riesenwelle im Meer rasen die Informationen dieser Trauer durch die morphogenetischen Felder und kollektiven

Auren und lösen bei sensitiven Menschen Albträume, Schweißausbrüche und Trauer aus.

Zu Beginn meiner medialen Tätigkeit und dem bewussten Umgang damit wurde ich auch immer wieder von solchen gewaltigen Schwingungen getroffen. Anfänglich wusste ich oft nicht, ob die Emotionen eine persönliche Trauer, Depression und Angst waren oder nicht. Erst später, im Durchschnitt zwei bis sieben Tage, konnte ich in den Zeitungen über die Ursachen lesen. Stieß ich auf die tragischen Ereignisse, war mir immer und ohne jeden Zweifel klar, dass die jeweilige Situation der Auslöser meiner Gefühle war. Es war das Wissen, dass die Situation zu meinen Gefühlen passt!

Mit der Zeit lernte ich, die richtigen Fragen zu stellen. Trifft mich heute eine unerklärliche Emotion, frage ich erst, ob es eine persönliche Schwere oder Trauer ist oder nicht. Automatisch spüre ich die Antwort. Als Nächstes frage ich, ob es sich bei der aufkommenden Situation um ein politisches oder um ein natürliches Ereignis handeln wird. Schritt für Schritt kreise ich so die Ursache ein, bis ich das Gefühl habe, deren Natur identifiziert zu haben. Ein anderer Weg ist, dass ich mit der Emotion meditiere, um mich für Bilder zu öffnen. Diese Bilder passen dann zum Ereignis. Ab dem Moment lese ich gespannt jeden Tag Zeitungen und warte auf das Eintreffen.

Im gleichen Sinn funktioniert die Intuition auch mit Menschen im persönlichen Umfeld. Wird jemand krank, stirbt, gibt es eine Schwangerschaft, Hochzeit oder Trennung, so sind das Situationen, die eine starke Schwingung in der Familie auslösen.

Diese können im kleineren Kreise wahrgenommen werden. Die Bilder dazu können ganz klar einer Person und Situation zugeordnet werden oder nur eine Ahnung eines möglichen Ereignisses sein.

Eine weitere Möglichkeit ist, das innere Auge auf eine bestimmte Situation auszurichten, um Bilder und Eindrücke empfangen zu können. Wichtige Wahlen, wirtschaftlich ausschlaggebende Entscheidungen oder Sportereignisse sind nur einige Beispiele, die medial analysiert werden können.

Eine meiner Spezialitäten ist das mediale Visualisieren politischer Ereignisse. Unzählige Wahlen habe ich im Vorfeld treffend analysieren können, landespolitische oder kontinentalpolitische Ausgänge vorhergesehen und terroristische Anschlagsziele im Vorfeld identifiziert.

Mein inneres Auge ist praktisch vierundzwanzig Stunden und sieben Tage die Woche aktiv. Einem nie wirklich abgestellten Radar gleichend, achtet es unaufhörlich auf die Signale kommender Ereignisse.

Mitten in der Nacht, auf Spaziergängen oder während des Essens spüre ich plötzlich, wie erste Signale empfangen werden. Entweder öffne ich mich dann ganz oder ich entschließe mich, die Bilder etwas später zuzulassen. Verschwinden werden sie deshalb nicht. Einmal angezapft, können die Bilder immer wieder abgerufen werden.

Häufig werde ich von Journalisten zu Ausgängen von Wahlen befragt. Meine Vorhersagen veröffentliche ich dann immer auf meiner Webseite und auf Facebook.

Dem interessierten Leser möchte ich hier natürlich auch Übungen mitgeben.

Für die erste Meditation benötigt man eine Zeitung, eine Schere, einen Stift und ein Blatt Papier.

In der Zeitung sucht man sich einen Artikel, der einen persönlich interessiert. Es ist einfacher, mit einem spezifischen Thema zu arbeiten, mit dem man sich persönlich identifizieren kann.

Der Artikel wird ausgeschnitten. Ihn in der Hand haltend, meditiert man jetzt wie üblich und konzentriert sich auf die Information in der Hand. Mit geschlossenen Augen wird das Ereignis (zum Beispiel eine bevorstehende Wahl) visualisiert. Jetzt wird auf Bilder geachtet, die zur Entwicklung passen.

Gibt es ein Abschluss- oder Durchführungsdatum, das mit dem Ereignis zusammenhängt, dann sollte man sich ebenfalls auf das Datum konzentrieren, um zu sehen, welche Bilder auftauchen.

Die so empfangenen Eindrücke werden aufgeschrieben, um sie später mit dem Ausgang zu vergleichen.

Beinhaltet das Ereignis Personen, dann können zusätzlich die Auren dieser Menschen analysiert werden. Handelt es sich um Wahlen, so konzentriert man sich erst auf deren Entwicklung. Fragen wie »Finden die Wahlen statt« oder »Ist im Vorfeld der Wahlen mit Auseinandersetzungen zu rechnen« können für Journalisten wichtig sein.

Das Meditieren mit den Kandidaten und deren Aura kann zeigen, wer gewinnen wird. So können wir die Entwicklung und den möglichen Ausgang bereits im Vorfeld sehen.

Möglich sind diese Analysen auch im Sport oder an der Börse. Für Spekulanten und Wettliebhaber ein wunderbares Instrument. Geht ein guter Freund oder ein Familienmitglied eine neue Partnerschaft ein, kann man zur Übung analysieren, in welche Richtung die Partnerschaft gehen wird. Liest man von einem spektakulären Gerichtsfall, kann man den möglichen Ausgang prognostizieren.

Ich habe in diesem Buch vier verschiedene mediale Techniken behandelt. Jede dieser Techniken kann einzeln oder in den verschiedensten Variationen angewendet werden. Ich benutze sehr oft alle vier.

Muss ich eine vermisste Person suchen, dann arbeite ich mit allen vier Techniken: Zuerst sehe ich mir die Aura der Person an, dann visualisiere ich den Ort, an dem sich die Person befinden könnte, später spüre mit meiner Hand über Karten, in welcher Gegend ich das Gefühl habe, die Person zu spüren, und was im Moment des Vermisstwerdens und jetzt um die Person herumpassiert.

Fallbeispiele:
*Hellsichtig*, Miss Universe 2002, Seite 86
*Intuition als Schlüssel deiner Seele*, Hurrikan in Miami,
    Seite 108

# Quellenverzeichnis

Benecke, Mark: »Einsatz von übersinnlichen Fähigkeiten
– Test eines ›Mediums‹«, in: *Kriminalistik*, 10/2011,
S. 628.

Vitek, Ernst: »Die Kraft der Intuition«, in: *Kriminalistik*,
4/2011, S. 252.

Wimmer, Wolf: »Das Pro und Contra übersinnlicher Fähigkeiten in der Kriminalistik«, in: *Kriminalistik*,
3/1978, S. 109–110.

Zoller, Martin: *Hellsichtig*. Giger Verlag, 2010.

Zoller, Martin: *Hellsichtigkeit*. DVD. Mit einleitenden
Worten von Robert Fleischer, herausgegeben von
Nuovo Film.

EXO-POLITIK: *ExoMagazin* 1/2012, 2/2012, 3/2012

# Danksagung

An erster Stelle möchte ich all jenen Menschen danken, die mich in den letzten zwanzig Jahren in meiner medialen Arbeit unterstützt, begleitet und geführt haben. Einige von ihnen werden dieses Buch nie lesen können, da sie nicht mehr leben oder keinen Zugang zu Büchern haben. Ein ganz besonderer Dank geht an jene, die mich trotz ihres Zweifels an meiner Arbeit tatkräftig unterstützt haben oder sogar existenzielle Risiken eingegangen sind, weil sie mir geholfen haben.

Meinen vielen Freunden in Südamerika, dem Nahen Osten, Zentralasien, den USA, Afrika, Asien und Europa möchte ich für deren Treue, Liebe und Vertrauen danken! Ohne deren offene Herzen und Türen wäre ich schon unzählige Male gescheitert.

Sabine Giger, meiner Verlegerin, gebührt ein großes Dankeschön für ihre Anregung für dieses neue Buch. Eine meiner Schwächen ist die mir bestens bekannte Bequemlichkeit. Sie wurde dank Sabines Anregungen zur Seite geschoben, wodurch dieses Buch entstehen konnte.

Markus Vögtli hält mir den Rücken frei, indem er meine Büroarbeiten ausführt. Das gibt mir die nötige Zeit und Ruhe, schreiben zu können. Marco Messerli mit seinen technischen Anregungen sorgt für einen perfekten Online- und Werbeauftritt.

Natürlich verdienen die drei genannten Personen nebst ihrer beruflichen Unterstützung auch als Freunde ein herzliches Dankeschön!

Jennifer Baxavani, Nada Azhari, Hassina Sherjan, Nicolle Nowitz, Freddy Chavez, Chupete Galdo, Viviana Vargas, J, Juan Carlos Barroso, Jacky in Miami, Rolando Peralta, Dessie, Roberto Delgado, Susana Bastarrica, John O., Bruce Kaplan, Ringo, Mauro, Michiaki Nagatani, Alexander Siffrin und Familie, Sandra T., Debbie R., Tara Siva, Uddi und Bernd Specht, Bassel, Laith, Fox und Lalo stehen repräsentativ für die unzähligen Menschen, die mir immer halfen.

Einat, meine Frau, steht mir trotz meiner oft haarsträubenden Projekte ohne Einwand oder Gegenwehr zur Seite. Ohne sie an meiner Seite zu wissen, wäre vieles nicht so einfach auszuhalten.

Meiner Geburtsfamilie bin ich dafür dankbar, dass sie mich nicht nur die letzten zwanzig Jahre, sondern bereits einundvierzig Jahre nicht nur unterstützt, sondern auch immer wieder dazu anregten, meiner inneren Stimme zu folgen.

»Intuition ist der Schlüssel zur inneren
Führung. Sie kann uns zeigen, wer wir sind
und wo wir hingehen.«

Unsere Intuition kann uns zeigen, wer wir sind und wo wir hingehen. Sie hilft, richtige Entscheidungen im Leben zu treffen und
Probleme zu vermeiden. Mit ihr erlangt man tiefes Verständnis
für alles Geschehene und vieles wird leichter im Leben.
Mit diesen vier geführten Meditationen kann jeder Kontakt zum
höheren Selbst und zur eigenen Intuition aufnehmen. Das innere
Orakel wird Einblicke in das eigene Leben gewähren und uns zu
einem zufriedeneren Leben verhelfen.

Martin Zoller
**Die Kraft der Intuition.** Der inneren Stimme vertrauen.
Geführte Meditationen
*CD in Jewelbox, Spieldauer: 60 Min.*
*ISBN 978-3-9523532-4-0*

**www.gigerverlag.ch**